나는 나에게 잊히는 것이 싫어서 일기를 썼다

나는 나에게 잊히는 것이 싫어서 일기를 썼다

그림책 작가 오소리 에세이

아롬드리미디어

프롤로그

초등학교 저학년 때 계곡에서 죽을 뻔한 적이 있다. 바닥에 발이 닿지 않아 물을 먹고 컥컥거리며 발버둥을 치는데, 다른 이들에겐 깊지 않은 물이라 그랬는지 가까이서 내 모습을 보며 웃고 있었다. 그때 내가 느낀 이질감은 긴 시간 잊히지 않았다. 시간이 흘러 중학생이 된 나는 그때 경험을 아빠에게 말했다. 아빠는 내가 꿈을 꾼 거라며 꿈을 현실로 착각할 수 있다고 이야기하셨다. 난 너무나 억울한데 그 이야기를 증명할 방법이 없었다.

그 후 억울함을 풀기 위한 증거자료를 모으듯 일기를 쓰기 시작했다. 그러다 보니 내 일기장엔 불행에 대한 이야기로 가득했다. 하지만 증거를 대며 사람들에게 과거 이야기를 꺼내도 막상 사람들은 그때의 일을 기억하지 못하고, 가상의 이야기를 대하듯 혹은 내가 물에 빠졌을 때처럼 반응했다. 그 기억 속에 살아 있는 건 오직 나뿐이고, 사람들이 떠난 지 오래되었다는 것이 외로웠다.

2009년 나는 나로부터 도망가기 위해 육 년간 쓴 일기장들을 버리고, 가족과 고향을 떠나 '환상의 나라'라고 말하는 놀이공원에서 아이스크림을 팔며 숙소 생활을 시작했다. 그리고 2010년 누군가 나를 발견해 주길 바라는 마음으로, 발이 닿지 않는 계곡에서 허우적거리듯이 일기를 다시 쓰기 시작했다.

 이 책은 2010년부터 쓴 일기를 정리한 것이다. 말 그대로 독자를 염두에 두고 쓴 글이 아니다. 동화 속 이야기처럼 불행한 주인공이 어떠한 깨달음을 얻고 성장하여 행복한 결말로 끝나는 그런 이야기는 더욱 아니다. 대부분 횡설수설하거나 편협하며, 다음 날이면 후회하는 글도 더러 있다. 깨달음을 얻었지만 금세 비슷하고 사소한 이유로 좌절을 반복한다. 같은 말을 되풀이한다.
 그럼에도 달라진 것이 있다면, 나를 발견한 사람들을 만났고, 물속에서도 견딜 만한 아가미와 지느러미가 생겼다는 것이다. 이 책은 그 과정에 대한 이야기다.

| 생 활 기 록 부 |

── 김 소 리 ──

나이	연도	내용
1살	1990년	생애 첫 기억 (칡 바구니)
2살	1991년	…
3살	1992년	…
4살	1993년	…
5살	1994년	YM 유치원
6살	1995년	K 유치원, 가짜 포도를 씹다 이가 빠짐
7살	1996년	아파트로 이사, YL 유치원, 친구 얼굴에 상처 냄
8살 (초1)	1997년	초등학교 입학, 구연동화 대회 은상
9살 (초2)	1998년	…
10살 (초3)	1999년	첫 짝사랑
11살 (초4)	2000년	핑클 〈내 남자 친구에게〉로 장기 자랑
12살 (초5)	2001년	종합 학원, 극단적 시도
13살 (초6)	2002년	엄마는 다른 곳으로
14살 (중1)	2003년	중학교 입학
15살 (중2)	2004년	동화 작가의 꿈, 그림 시작
16살 (중3)	2005년	아빠 암 말기 판정, 기초 생활 수급
17살 (고1)	2006년	아빠의 장례식, 엄마와 함께
18살 (고2)	2007년	디자인 입시 미술, 친구 '새'를 만남
19살 (고3)	2008년	이명, 친구의 죽음 소식
20살	2009년	놀이공원 F&D, 예산 공장

다시 시작하는 일기

21살	2010년	서양화 재입시
22살 (대1)	2011년	서양화과 1학년, 오산 공장, 상담 치료
23살	2012년	신설 골프장 근무와 부도
24살	2013년	새로운 골프장, 힐스* 상담
25살 (대2)	2014년	서양학과 2학년, 상담 치료
26살 (대3)	2015년	서양학과 3학년, 상담 치료
27살 (대4)	2016년	서양학과 4학년, 고향, 약물 치료
28살	2017년	망원동 이사, 작가 공동체 힐스 입학, 그림책《빨간 안경》더미 작업
29살	2018년	그림책《노를 든 신부》첫 전시
30살	2019년	《빨간 안경》,《노를 든 신부》출간
31살	2020년	코로나, 11월 고향으로 이사
32살	2021년	이곳저곳 강연
33살	2022년	그림책《엉엉엉》출간, 바캉스* 프로젝트 합류
또다시 33살 (만 나이)	2023년	에세이《나는 나에게 잊히는 것이 싫어서 일기를 썼다》출간

*힐스HILLS 그림책과 일러스트레이션 학습과 연구, 운동과 활동을 연계한 예술가의 커뮤니티를 지향하는 학교
*바캉스Vacances 한국 그림책 작가들이 모인 프로젝트 그룹

밧줄

2010년 5월 30일

언제나 내 과거가 숨통을 조른다. 묶인 밧줄이 풀릴 때까지 나는 언제까지나 모과나무에 목을 매달고 그곳에 갇혀 있을 것이다.

다 버린 줄 알았던 오래된 일기장엔 너를 이해한다고 적혀 있었다. 내 일기는 지나치게 솔직해서 낯 뜨겁다. 햇살이 뜨거워서 행복하고 가을 냄새가 즐겁다는 과거는 더이상 나의 문장이 아니다. 어떠한 히스테리도 어떠한 서운함도 담겨 있지 않은 일기가 낯설다. 분명 내게도 살아 있다는 그 자체가 행복한 적이 있었는데…. 이유를 생각하자면 과거를 거슬러 꼭 그때로 돌아간다.

머리가 아프다. 내 이야기엔 아무런 결론이 없다. 나는 바람이 아니다. 떠돌지 못해 서럽다. 이건 아무리 생각해 봐도, 죽었다 깨어나도 제 버릇 개 못 준다는 말처럼 천성인 것 같다.

상처를 새기다

2010년 8월 27일

그는 항상 행복을 원했는데도 막상 행복이 찾아오자 두려웠다. 언젠가 떠나갈 행복은 그를 외롭게 한다. 행복이 떠나간 자리에서 그는 초라한 자신을 자학한다. 역시 예상이 맞았다며 위로한다.

또다시 상처를 새긴다. "난 살아 있다." 그는 그렇게 말하며 자신의 흉터를 누군가 발견하길 원했고, 자신도 안쓰러울 만큼 세상과는 무관한 자기 홍보에 미쳐 있다.

하지만 발견한 이는 없었다. 미래의 자신에게도 잊힐까 봐 두려워하던 그는 또다시 상처를 새긴다. 아무리 자신이 행복을 가지고 있다 위로해도 밤이 되거나 수많은 군중 속에 혼자 있게 되면 방황한다. 낮이 되면 밤은 거짓이 되고, 밤이 되면 낮이 거짓이 되는 일을 반복한다. 스스로에게 질린다. 죽음을 기다린다.

그러다 이제는 괜찮다고 말한다. 여전히 내 바람은 변함없이 비현실적인데도 말이다. 현재 상황이 좋은 것도 아니지만 나쁘지도 않다. 이루지 못한다는 두려움이 있지만 스스로를 배신하지 않을 거라는 확신을 한다. 누군가 현실적이지 못하다고 비난하더라도 대부분 예술가들이 그렇듯, 죽을 때까지 꿈을 그리고 표현하고 죽는다면 그것이 현실이고 결말이 된다.

타인에 의해 태어나고 결국 누군가에게 잡아먹히지만, 사는 동안 즐겁게 도망가는 진저브레드 맨처럼 달리고 싶다. 그렇게 생각하면 더 이상 나에 대해 설명할 필요 없이, 그저 살아가면 된다. 기다리는 순간에도 자신을 계속 완성해 나아간다 생각한다.

관상어

2011년 4월 9일

교회 정문 언덕으로 내려가 시장 가는 길 반대쪽으로 가다 보면 수족관이 있었다. 어느 날 난 아빠와 수족관에 갔고, 수조에는 사탕처럼 알록달록한 관상어들이 가득했다. 아빠는 각각 다른 종의 관상어를 샀다. 햇빛에 소독한 물을 원기둥 형태의 어항에 넣고 물고기들을 넣었다. 그리고 매일 먹이를 주었다. 다양한 친구들과 함께 별 고민 없이 바쁘지 않게 사는 모습을 보면서 관상어가 부러웠다. 나도 하루하루 전쟁을 하지 않고 그저 멍하니 먹이를 받아먹으며 살아가고 싶어졌다.

어느 날부터 물고기들이 어항 밖으로 뛰어나오려 했다. 한번은 정말로 물고기 한 마리가 물 밖으로 나왔다. 헐떡이는 물고기를 바로 물에 넣어 간신히 살렸다. 물고기는 놀랐는지 어항 맨 밑바닥에서 숨을 몰아쉬었다. 처음엔 그 물고기가 바보 같다고 생각했다.

다음 날 어항을 보니 그 물고기는 다시 물 밖으로 나

와 결국 플라스틱처럼 굳어 있었다. 이해가 되지 않았다. 기억력이 좋지 않아서라 생각했다. 그런데 그 물고기와 비슷한 짓을 이젠 내가 하고 있다. 이해하지 못하는 일들을 스스로 하고 있다. 내가 찾고 싶어 하는 세상이 정말 존재하는진 중요하지 않다. 물고기처럼 불행한 결과가 나왔을 때 몽상과 욕심의 최후라고 하는 사람도 있겠지만 결과론적인 이야기다. 그건 단지 내가 살아 있다는 외침이다. 우리 모두는 결국 모든 걸 내려 두고 돌아간다. 나는 나를 이곳에 남기고 싶다.

관상어가 아닌 물고기가 되고 싶다. 죽는 것이 상관없다는 건 아니다. 반대로 살아가고 싶다.

해저 깊은 곳에서 물고기들이 올라온다.

별난 벼룩

2011년 4월 18일

별난 벼룩이 있다. 무리 지어 다니는 일에 지친 벼룩이었다. 벼룩은 원하는 곳을 원하는 대로 가고 싶었다. 남몰래 우는 일도, 이유 없이 웃는 일도 이해가 되지 않았다. 이해가 안 되는 일을 고민하는 것조차 이해가 안 됐다. 벼룩은 자신이 이 세상에 존재하는 건지 궁금했다. 자신에게 주어진 모든 것이 자신이 선택한 것은 아니므로 이 세상에 자신은 존재하지 않는다고 생각했다.

벼룩이 자신이 태어난 소의 등에서 뛰어내렸다. 오랜 방황 끝에 도착한 곳은 과거 흰 털을 가졌던 누런 개였다. 이 개는 사랑받던 개다. 누군가의 외로움을 달래기 위해 사랑이라는 이유로 팔린 작은 개는 언제부턴가 지저분해졌고, 벼룩이 살기엔 적합한 곳이 되었다. 개는 항상 한곳에 묶여 있어, 정신없는 환경을 싫어하던 벼룩에겐 더없이 살기 좋은 장소였다.

벼룩은 천천히 개의 시선을 따라갔다. 개는 주인이 오

면 꼬리를 흔들며 반겼다. 주인이 없으면 할 일 없이 고개를 떨구고 개미를 구경했다. 동질감 또는 동정심 때문인지 아니면 온기 때문인지, 영화 속 좀비처럼 이유도 없이 생겨나고 쫓기듯 벼룩은 개를 좋아하게 되었다. 아무것도 바라는 것 없이 개를 좋아했다. 좋아하는 이유를 설명할 수 있다면 벼룩은 감정을 선택할 수 있을까? 마음대로 미워할 수 있을까? 만약 그럴 수 있다면 얼마나 좋을까.

    더 이상 벼룩은 그곳에 있을 수 없었다. 개는 가려움을 느낄 뿐 벼룩의 존재를 모른다. 그저 귀찮을 뿐이다. 벼룩은 개에게 피부병을 옮길지도 모른다. 그들은 서로 언어가 달랐기에 개는 벼룩의 마음을 영원히 모를 것이다. 벼룩은 세상에 살아 있지만, 유일하게 사랑하는 개의 마음속엔 살아 있지 않았다. 그것이 벼룩을 마음 아프게 했다. 벼룩은 바닥으로 내려와 개에게 말했다. "나를 발견해 주세요. 부디 나를 사랑해 주세요." 부질없이 말한다. 벼룩은 자신의 마음이 발견되지 못할 거란 걸 알고 있다. 그래도 벼룩은 이별을 통해 마음을 증명하고 싶었다. 그게 정말 사랑이라고 믿고 싶었다.

꽃다발

2011년 4월 19일

"이해하지 않아도 돼. 그저 느끼면 좀 더 행복할 거야."
라고 했다. 그저 꽃을 좋아하듯 그렇게 느끼라고 말해 주
었다. 느끼는 것에 있어선 그저 느끼면 된다고 했다.

꽃이 아름다운 줄 몰랐다. 아빠가 종종 집에 꽃을 들고
와서 내게 준다는 행위가 고마웠을 뿐 꽃이 아름다운지는
느끼지 못했다. 아빠가 돌아가시고 나서야 꽃이 아름답다
고 생각했다. 그리고 서러움도 가득 차올랐다. 언젠간 꽃씨
를 잔뜩 사서 무덤가에 뿌려야겠다. 좀 더 웃으면서 다녀
야겠다. 아직까지도 슬픈 이유는 내가 이기적이기 때문인
것 같다.

잊는 게 아니다. 과거가 결국 현재다. 사랑하고 웃고 행
복할 것이다.

사막여우와 몽구스

2011년 6월 7일

사막에는 사막여우와 몽구스가 살고 있었습니다. 모습은 다르지만 경계심이 많고 무리를 진다는 것에선 비슷합니다. 하지만 이 사막여우와 몽구스는 홀로 다녔습니다. 둘은 우연히 만나 친구가 되었습니다. 서로 많이 닮았다고 생각하며 분명 운명의 실로 이어져 있을 거라 믿었습니다.

붉은 운명의 실 이야기를 아나요? 새끼손가락에 묶인 운명의 실이 자신의 운명인 상대와 보이지 않게 이어져 있다고 합니다. 그러던 어느 날, 그 둘은 실이 보이기 시작했습니다. 절대 자를 수 없는 붉은 실. 둘은 그 실이 서로에게 이어지지 않았다는 걸 알게 되었습니다. 각각의 운명의 실은 서로를 반대 방향으로 이끌었습니다. 그 둘은 애써 끈을 물어뜯었지만 운명의 실은 끊어지지 않습니다.

그런데 작고 겁이 많아 보이는 몽구스와 사막여우는 보기와 다르게 아주 강하고 용감했나 봅니다. 그 둘은 실이 묶인 자신의 새끼손가락을 끊어 버렸습니다. 둘은 그게 운명이라 믿었습니다.

유서

2011년 9월 6일

돈을 들고 목적지로 갔다. 계획한 대로 최대한 유쾌한 사람들이 많이 내리는 정거장에 덩달아 내렸다. 그곳에서 입고 있던 헐거운 옷을 벗어 던지고 최대한 포근하고 편한 옷들을 샀다. 한눈에 들어온 털 장화를 사고서는 따뜻해 보이는 긴 양말과 양털로 뒤덮인 야상, 목도리와 귀가 달린 털모자를 마음에 드는 대로 무작정 골랐다. 마지막으로는 기모로 된 편한 바지를 샀고, 다 입고 나니 침대 위에 드러누운 듯했다. 장갑도 살까 했지만 지금 가지고 있는 것이 더 편하고 따듯해 사지 않았다.

입고 있던 옷들은 부피를 최대한 줄여 봉지에 담았다. 그리고 맥도날드에서 치킨 버거 세트를 주문하고 창밖으로 몸을 향한 채 카운터를 주시했다. 햄버거를 들고 사람들이 잘 보이지 않는 창가 쪽 자리에 앉아 멍하니 흰 지붕들을 구경했다.

그러다 너무 덥게 느껴져 아직 다 먹지 않은 음식들을

가방에 담고 화장실로 갔다. 그곳에 헌 옷들을 버리고 밖으로 나왔다. 신선하게 스치는 바람에 기분이 좋았다. 먹을 만한 마땅한 곳을 찾다가 다시 역으로 돌아와 의자에 앉아 청승맞게 콜라를 홀짝거리며 남은 음식을 먹었다. 다 먹은 쓰레기를 멋대로 구겨 버린 다음 쓰레기통에 조금은 힘을 주어 밀어 넣었다. 쓰레기들은 무기력하게 퍽 하고 숨어버렸다. 난 다시 기차표를 찍고 지정석에 앉았다.

또다시 홀로 청승맞게 뿌연 밖을 보며 사색을 즐겼다. 기차가 앞으로 갈수록 눈은 더 깊게 쌓이고, 해는 빠르게 떨어졌다. 따뜻한 이곳에 계속 머무르고 싶었다. 너무나도 가고 싶지 않았다. 이대로 멈추길 기도했다. 한 정거장, 한 정거장을 미루다 해가 산턱에 걸려 있을 때가 돼서야 아무도 내리지 않는 곳에 홀로 내렸다. 눈이 쌓인 벌판으로 무작정 걷다 너무 피곤해 눈밭에 누웠다. 기분 좋게 목도리를 얼굴에 칭칭 감은 채로 누웠다. 오늘만큼은 편하게 자고 싶어 병원에서 가져온 작고 단단한 눈송이를 입안에 털어 넣고, 불빛이 남지 않은 주변과 다르게 빛나는 하늘을 보며 잠을 청했다. 추위는 어느새 따스함으로 변해 나를 어린 시절로 되돌아 가게 했다.

피곤하지만 즐거운 하루였다.

망각

2011년 10월 1일

내 것이 아닌 것들이 내 서랍 안에 가득 차 있다. 그렇다고 누군가의 것이라 하기에도 애매하다. 그것들이 쓸데없이 공간을 차지하고 있어서 다른 무언가를 집어넣을 엄두가 나질 않는다.

또 읽지 않을 책들을 습관적으로 계속 구입한다. 나의 책장은 일률적이지 못하고 책들은 어지럽게 나열되어 있다. 아이러니하게도 평소에 쓰지 않는 물건들은 항상 그 자리를 지키고 있지만, 필요한 물건들을 찾으려면 매번 책장과 서랍 속을 뒤져야 한다.

난 헝클어진 기억 속에서 필요한 것들을 찾지 못하고, 물건들을 찾기 위해 많은 시간을 소비하고 스트레스를 받는다. 나의 책상에는 모순과 악순환이 이루어지고 있다. 찾는 일만이 목적이 되어버린 것인지도 모르겠다.

상담 치료를 받으며

2011년 10월 1일

100호짜리 그림을 작업하고 있다. 이번엔 당당히 올릴 수 있을 만한 걸 그려내고 말겠다. 무엇인가 해내야겠다고 집착하는 나에 대해서는 고민하지 않기로 했다.

학교에서 상담을 받고 있다. 어떻게 해야 될지 모르겠다고 말하자 상담사는 스스로가 잘 알고 있다고 했다. 상담사는 나에게 영화 〈폴락〉을 보았는지 물었다. 작가라는 특성상 이런 상황을 받아들이는 것이 작업에 도움이 될 것이라 했다. 그 사람이 생각하는 작가는 무엇이었을까?

어렸을 때는 맹목적으로 고흐나 뭉크 또는 베토벤을 우상처럼 생각했다. 아무도 사랑하지 못하고 정신 치료를 중단한 뭉크는 애인의 총에 맞아 죽었고, 고흐는 결국 자살했고, 로댕을 열렬히 사랑한 여자는 정신병원에서 비참하게 생을 마감했다며 겁을 주고 흥미를 자극한다. 지금 생각하면 소름이다. 비극과 비참한 서사가 주는 감동을 동경했으니. 그리고 내가 전해 듣는 그들의 영웅적(?) 서사가 어디까지가 사실일지도 모를 일이다. 이런 것들이 무섭다. 마치 세상이 강요하고 있다는 기분이 든다. 어쩌면 나는 나대로 잘 지내고 있는데, 주위에서 서사를 부여하는 걸지도 모른다.

내 정신은 언제쯤 정체성을 찾을까? 그림도 글도 정리된 것 없이 온통 뒤죽박죽이다. 그 자체가 정체성일지도 모르겠다. 내가 슬퍼하고 회의를 느끼는 건 나에게 불행과 불운이 겹쳤기 때문이 아니다. 나를 받아줄 사람이 없어서다. 내가 마음을 열지 못하는 것도 원인이다. 나를 위해 기꺼이 돌덩이를 먹어 줄 사람을 기다리고, 그 사람이 돌덩이를 먹으면 이번엔 썩은 음식을 내밀며 먹어 주길 다시 기다린다. 또 멈추지 못하고 상대방을 계속 시험한다. 누군가 죽어야만 끝나는 결말이다.

상담사는 내가 가진 원한이 원인이라 말하지만 내 원한은 너무나 방대하다. 생각을 이어갈수록 그건 삶에 대한 모든 것들이다. 남들에겐 쉽지만 나에겐 어려운 것이 있다.

_ 2022년 1월 10일

나는 사랑을 찾기 위해서라 말했지만 애초에 타인의 마음에 존중이 없었다. 그저 나를 구원할 절대적 존재나 기적으로 인한 이야기의 반전을 바라고 있었다. 그것이 사랑이라 생각했는데 지금 생각하는 사랑이란 이해와 소통이다. 당시에 나는 소통할 여력이 없었고 온통 나로 가득한 방 안에서 빠져나갈 곳을 찾지 못하고 있었던 것 같다.

작년에는 영화 〈카미유 클로델〉 리뷰를 다시 보았는데, 로댕의 연인으로서 카미유 클로델의 삶을 비극적으로 묘사한 영화를 비판하는 이들이 많다는 이야기였다. 고흐에 대한 새로운 글도 있다. 불운한 그의 이야기는 노이즈 마케팅이고 실제로는 총으로 죽은 것이 아니라는 것이다.

늘 사실은 모호하다. 단지 그것을 생각하는 나만 분명하다. 가공된 누군가의 삶을 소비하며 '나도 그런 것인가, 나도 그래야 하는가.'라는 생각을 했지만 굳이 그럴 이유가 없었다.

잘 만든 이야기

2011년 10월 1일

"사실 콩이 얼마나 맛있는데, 싫다고 안 먹으면 안 돼. 네 생각이 잘못된 거야."

뻔한 이야기를 듣고 싶은 게 아닌데 사람들은 당연한 이야기만 한다. 진부한 소설 속 비련의 주인공이나 악역 그리고 엑스트라처럼 나 자신을 누군가의 픽션 속에 가두고 싶지 않다.

세상이 생각대로 되지 않아 다행이다. 나 외에도 누군가 살아 있다는 증거다.

시치(詩癡)

2011년 10월 15일

시끄럽다, 시끄러워. 동물 다큐멘터리 비디오 속의 새가 시끄럽다. 어미에게 버림받은 것도, 날개를 펼 줄도 모르는 새가 곧 다가올 제 죽음을 알지 못하고 비상할 생각 없이 그저 배고파 미련하게 울고 있었다. 그 날카로운 울음은 나의 마음 한구석을 서걱서걱 도려냈다.

— 지난가을

창밖엔 생명을 잃고 나무에게 버림받은 낙엽들이 이름도 없이 잊히고 있다. 나에게도 잊혀 갔다. 항암 치료를 받던 아버지가 생각났다. 아버지는 믿음만 있다면 암 덩어리가 점점 사라질 거라고 믿었다. 바보 같은 나는 그런 아빠를 철석같이 믿고 상황을 대수롭지 않게 생각했다. 암 덩어리는 무관심 속에 더 크게 자랐다.

나는 죽음의 기로에 서 있었다. 그때의 나는 죽도록 살고 싶어 그토록 죽어 갔다. 건조한 바닥에 정처 없이 나뒹구는 낙엽들은 나를 닮았다. 이름이 기억나질 않는다. 제대로 기억하는 것 없이 '낙엽들'이라 회상하는 스스로가 그 낙엽들 같아 슬펐다.

― 지난겨울

아빠는 뭐가 아쉬운지 먼저 떠났다. 분하게도 내 곁을 떠나 내 곁에 머문다. 뭐가 그리 급한지 사랑하던 사람들은 곁에 없고, 나는 미련하게 혹시나 하는 생각으로 죽어 버린 이들에게 편지를 보냈다. 사망 통지서를 보며 미련스럽게도 내가 잘못 이해한 것이라 단정했다. 하지만 사람들에게 사망 소식을 전하며 마음을 저민다.

― 지난겨울과 올해 겨울, 애매한 사이

허허벌판에 남겨진 지독한 씨앗을 원하지 않았다. 몇 번이나 나를 죽여야 할까. 두려움만 가득하다. 얼마나 묵묵히 계절을 스쳐 보내야 할까. 계절의 변화 속에 내가 할 수 있는 건 아무것도 없다. 나는 왜 또다시 태어날까. 허물 속에 태어난 나는 눈도 자라지 않아 망상으로 나의 눈을 채웠다. 그토록 슬퍼하고 처절했으면서, 나는 왜 타인을 대하듯 느낌과 감정, 이유도 없이 스스로를 혐오하고 있을까.

전생의 반복과 또다시 부화기. 아이는 부아가 치밀어

자궁을 걷어찬다. 난 이렇게 화가 나 있는데 밖에선 무엇이 그리 좋은지 나의 허물을 어루만지며 행복해한다. 전생과 탄생 그 모호한 경계에서 자각도, 이유도 없이 그 온기가 미웠다. 전생을 알 리 없는 그 순수한 마음을 미워하고 미워하는 나를 또 미워하고. 완벽한 죽음을 위해 탄생을 거부했지만, 어쩌면 탄생이야말로 완벽한 죽음이다. 그 이중적인 괴리감 속에 '살고 싶다', '죽고 싶다' 하며 쓸데없는 오기를 부린다.

날 내버려 두라는 말에 너는 나에게 사실 잡아 주길 원하는 게 아닌지 묻는다. 그 말을 생각할수록 화가 났다. 분했다. 다정하고 날카로운 말이다. 너무나도 보고 싶었다. 손을 건네고 싶었다. 그립다. 원하고 있었다.

어설픈 마음이 터져 나왔다.
다시 태어났다.

처음 본 순간부터 그리워하는 까닭은 어쩌면 오래전부터 기다려서일지도 모른다. 처음 마주한 순간부터 그립다. 마음이 뜨겁다. 또다시 가을이 온다면 '낙엽들'이라 기억하지 않을 것이다.

나의 문장 단어들이 정처 없이 나뒹군다.
나는 노래하고 누군가는 귀를 틀어막는다.

통제

2012년 3월 1일

어렸을 때는 달이 날 쫓아온다 생각했다. 몇 년이 지나서 내 착각이었다는 걸 알게 되었다. 생각보다 나는 너무나도 작았고 달은 너무나 컸다. 그래서 이번엔 달에게서 벗어날 수 없다 생각했다.

시간이 흘러 달은 달로, 나는 나로 우리 둘의 관계는 별개라 생각했다. 물론 달이 없으면 내가 존재할 수 없다는 걸 알지만, 없었다면 딱히 이런 고민을 할 이유도 없었다. 내가 이런 생각을 해도 달은 제 할 일을 한다. 그 사실을 깨닫고 나니 외로웠다. 나의 어떠한 발악도 달과는 무관하고, 달에 닿는다 해도 달과는 아무런 상관이 없구나. 언제쯤 나는 달과 나란히 걸을 수 있을까?

오늘은 일찍 잠에서 깼다. 엄마는 나를 보며 아무것도 하지 않고 하루를 반복하는 내가 걱정된다 했다. 날 두고 한심하다고 말하는 것 같아 도저히 잠을 잘 수 없었다. 그럼에도 별다를 게 없는 하루다. 내가 스스로를 민폐라 생각하는 게 미련한 일인 걸 알고 있다. 아주 오래전부터 알고 있다. 하지만 통제할 수 없다.

방황

2012년 5월 6일

어디로 가야 한다는 목적 없이, 그 자리가 너무나도 쓸쓸했기에 도망쳤다. 내가 떠나간 자리에 기록된 미련은 지난 추억들과 시간을 따라 점점 지워져 갔다.

"기억을 기억하고, 그 기억을 기억하고 기억하다 보면 점차 왜곡되겠지?"라고 스스로 내던진 말에 상처받는다.

'지금 나의 기억은 순전히 나만의 것이니, 모든 것들은 나의 착각이구나.'

나는 미련을 등지고 나 홀로 환생한다. 그로 인한 허전함과 상실은 절정을 이룬다.

그사이, 나의 의지와 상관없는 애꿎은 기대들이 들어앉는다. 나는 기대라는 딱지를 긁어냈지만 자리 잡은 흉터는 지워지질 않는다. 기록들을 쉽게 지울 수 있다면 얼마나 좋을까? 모든 것이 나의 미련에서 비롯되었으니 누굴 원망하고 누구를 잊을까? 잊기를 포기하고 모든 것을 내 마음에 새겨 둔다.

'부디 꿈에서만큼은 나를 보며 그리웠다 위로하지 마세요.' 이로써 또다시 새로운 무덤에 비문을 새겨 두었으니 나는 어디로 가야 할까.

부유하는 사람

2012년 10월 29일

일을 하며 만난 사람이 있다. 그 사람은 이 일을 하기 전 자신이 일한 술집에 대해 이야기해 주었다. 저녁에 출근해 아침에 퇴근하는데, 팁이 매우 후하다고 했다. 손님이 기분이 좋으면 재떨이만 비워 줘도 팁이 삼십만 원은 들어온다고 했다. 또 술병에 돈을 만 원이나 오만 원을 꽂아 두는데, 그 술을 마시면 돈을 가져도 좋다는 뜻이라고 했다. 자신이 일했던 곳에는 변호사가 많이 찾아왔고, 딱히 아무런 서비스를 하지 않아도 자신과 함께해 준다는 이유로 용돈을 준다고 했다.

이런 술집 중엔 높은 고객층만을 관리하는 곳도 있는데, 접대하면서 듣게 되는 주식 투자 정보로 많은 돈을 번다고 했다. 그 사람은 품위 유지를 위해 매일 미용실에서 세팅하고, 택시 대신 리무진을 빌려 출퇴근한다고 했다. 그곳에서는 돈을 쉽게 벌다 보니 씀씀이도 커져 대다수가 돈을 많이 모으지 못한다고 말했다.

참 이상했다. 그 사람은 돈이 없는 사람도 아니었다. 집도 잘 사는 편이고(강남에 집도 있다), 딱히 그 일이 나쁘다고 말하지도 않는다. 또 바람 피우는 것이 나쁜 게 아니라는 걸 강조했다. 그 일은 왜 그만뒀냐고 물으니, 하도 술을 많이 마셔 속을 버렸다고 했다. 그러면서도 평범한 직장인을 동경하고, 애정과 성별에 상관없이 아무와 하룻밤을 보내는 누군가를 동경했다. 상식을 알려고 매일 책을 보거나 뉴스를 보았고, 자존심도 강했다. 상식을 깨고 자유로운 듯하면서도 부자연스러웠다.

그 사람은 재래시장을 체험하고 싶다고 했다. 남춘천역 아래 중앙시장에서 무료 시식 과자를 먹고는, 역시 시골이 인심이 좋다며 시골의 삶을 동경한다고 했다. 일반 마트의 시식 코너와 비슷할 뿐인데…. 나는 그 안에서 일어나는 일들을 이야기했다. 사람들이 얼마나 치열하게 살아가는지부터 백만 원도 안 되는 돈 때문에 사람을 죽이려 한 극단적인 이야기까지. 그 이야기를 듣는 그 사람의 표정이 좋지 않았다. 그렇게 자연스럽게 서로 멀어졌다.

_ 2023년 6월 28일

사실 특별할 것 없는 관계였는데 가끔 그 사람이 생각난다. 그 사람은 내가 느낄 때 대수롭지 않은 일에도 순수한 아이처럼 엉엉 울곤 했다. 모든 것에 조심스러워하는 나와 다르게 솔직하게 감정을 표현하는 그 사람을 보며, 내가 경험하지 못하는 것에 호기심이 일었다. 돌이켜 보면 난 그런 사람들에게 늘 관심을 보여 왔다. 그건 내가 알지 못하고 갖지 못한 결핍을 채우고 싶어 하는 욕구와 같다. 하지만 결과는 늘 좋지 않았다. 착각은 조금씩 서로를 부담스럽게 만든다.

예전엔 가사의 뜻을 모른 채 음악 듣는 걸 좋아했다. 내 멋대로 내용을 상상하고 즐기며 이해하지 못한 가사를 따라 불렀다. 어느 날은 뜻이 궁금해 번역된 가사를 찾아보니 충격적이게도 자신의 엉덩이를 때려 달라는 내용이었다. 이후로는 웬만하면 가사를 찾아본다. 별로인 것도 있지만 상상했던 것보다 더 좋았던 가사를 통해 새로운 영역을 알게 되기도 한다.

나는 '미지'라는 단어가 풍부함을 품고 있다고 생각했는데, 명상과 같이 결국은 내 테두리 안에서 찾아가는 이상이었다. 앞으로는 창작자가 미지의 언어를 상상해 만든 것에만 미지를 느끼기로 했다.

스무 살, 온양온천

2012년 10월 29일

　가끔 예산 공장에서 일할 때가 생각난다. 그곳은 정말 촌 동네였다. 기숙사 옆은 온통 사과 밭인데다 공장 주변은 허허벌판이었다. 같은 방을 쓰는 언니가 가까운 동네의 온천 목욕탕을 가자고 했을 땐 목욕탕 근처도 이곳과 비슷하게 한적한 곳이겠거니 했다.

　나는 곰돌이가 그려진 바지와 곰 머리가 달린 털모자 그리고 공장 기름때로 얼룩진 점퍼를 입고 따라 나갔다. 언니가 대뜸 어머니를 데리고 가겠다고 해서 그 복장으로 집에 들어가 밥까지 얻어먹고, 차를 타고 목욕탕에 갔다. 춘천보다 훨씬 번화가였고, 나는 사람들의 뜨거운 시선 덕에 추위를 느끼지 못했다. 언니와 언니의 어머니는 뭐든 전혀 개의치 않았다.

또다시 공장

2012년 10월 30일

이전에 다니던 공장에서 교체가 가장 많이 되는 자리로 배정받았다. 내가 맡은 일은 두 손가락으로 간신히 잡을 크기의 여러 모양의 나사를 디스플레이 프레임에 끼우는 일이다. 사실 나사를 끼우는 건 어려운 일이 아니다. 하지만 하루 물량이 오천 개이고 하나의 프레임에 여덟 개의 서로 다른 모양의 나사를 끼우다 보니, 나는 하루에 사만 개의 나사를 끼웠다. 거기다 내가 담당하는 나사 구멍이 작게 나와서 하나하나 줄로 갈아야 했다. 속도를 맞춰 줘야 하는데, 할 일이 많으니 사람들의 시선과 재촉을 받았다.

구멍을 대충 갈고 힘으로 나사를 넣다 보니 손가락에 멍이 들었다. 늘 멍이 든 상태로 일을 했다. 아무리 열심히, 힘들게 일해도 아무도 알아주지 않는다는 생각에 화가 치밀어 올랐다. 그저 주위 사람들은 '빨리빨리'라는 말만 했다. 순간 욱하는 마음에 인상을 쓰고 나사를 억지로 눌러 넣었더니 그 충격에 다른 나사들이 튀어나왔다. 모두 놀라 나를 처다봤다. 후회했다, '이젠 나를 안 좋게 보겠지.'라고 생각했다. 하지만 내 생각과 반대로 평소 재촉하던 깐깐한 작업장 선배는 "힘들지?"라며 나를 위로했다. "그런데도 열심히 하다니, 정말 대단하다."라고 누군가 알아준다는 사실에 울 것 같았다.

스무 살에는 극한을 경험하고 싶었다. 그래서 공장에 들어갔고, 주야 교대 조로 들어가 이 주에 한 번씩 열여덟 시간을 일어서서 근무했다. 밤에 근무할 때는, 식당이 열지 않아 컵라면을 주었다. 먹고 나면 졸려서 청포도 맛 사탕을 물고 일했다. 밤 근무가 아니더라도 대부분 밥을 먹기보다 잠을 자는 사람이 많았다. 공장 전체가 윤활유로 질퍽거렸고 기름 냄새에 밥맛도 없었다. 그러다 보니 한 달에 십 킬로그램이 빠졌다.

가끔 우리 라인의 작업량이 다 채워지면 다른 라인으로 투입되었다. 나는 이물 제거 파트가 제일 싫었다. 계속하다 보면 공업용 알코올 냄새에 취해서 얼굴이 붉어졌다. 그동안 이곳저곳에서 일하며 '내가 죽는구나.' 하는 생각을 한 적이 몇 번 있는데, 그중 하나가 이곳이었다. 조립이 끝난 프레임은 세척기로 들어가는데, 어느 날 작업 도중 세척기에서 엄청난 굉음과 화염이 치솟았다. 가장 가까이 있던 사람은 머리카락이 탔고, 세척기가 터지며 폭탄 소리가 났는데도 아무도 움직이지 않고 멍하니 세척기를 보기만 했다. 정신을 차린 뒤 내가 이렇게 죽을 수 있겠구나 싶었다.

다음 휴식 시간에 세척기가 또 터졌다. 파편이 날아갔는데 다행히 근처에 아무도 없었다.

일을 관두고 난 뒤에 그곳에 관한 기사가 났다. 결국엔 완전히 폭파돼서 잠시 건물을 옮긴 듯했다. 다행히 밥 먹는 시간이라 아무도 없었다고 한다.

모든 것을 아는 사람

2012년 11월 4일

동료와 동료 애인과 함께 내가 좋아하는 식당으로 밥을 먹으러 갔다. 동료의 애인은 자신이 초등학교 때부터 담배를 피웠다고 했다. 그리고 자신은 상대가 어른이더라도 어른 같지 않으면 등을 돌려 술을 마시지 않고 앞에서 담배를 피운다고 말했다. 그리고 사람은 똘끼가 있어야 한다며 형식을 따지지 말고 자신을 편하게 대하라고 했다. 밥을 먹기 전 그 사람은 자신의 주량이 소주 다섯 병 반이라고 말했는데, 두 병이 들어갈 때쯤 주정을 부렸다. 그리고 한풀이를 시작했다. 자신의 아버지가 먼저 일한 자신보다 나중에 일한 형에게 회사를 물려주셨다며 화를 냈다.

또 자신도 과거에 그림을 그렸는데 사고로 오른손을 수술하게 되어 그림을 포기했다고 말했다. 그러면서 나에게 적어도 하루에 연필 일곱 자루를 써야 한다고 훈계했다. 자신의 실력이 얼마나 좋았는지를 회상하며 아쉬워했다. 난 그 말을 끊고 내 이야기를 하고 싶었다. 원하는 대학교에 합격하고 교통사고를 당해 오른손을 잃은 학원 선배가 있는데, 지금은 왼손으로 그림을 그리며 작가 생활을 하고 있다는 말을 들었다. 난 그 이야기를 하고 싶었지만 타이밍을 찾지 못하고 말을 삼켰다.

그 사람은 남자를 소개해 주겠다는 말도 했다. 돈이 아주 많은 사람인데 성격은 개차반이라고 했다. 그러면서 자신 같은 남자는 없다는 말을 되풀이했다. 우리처럼 힘든 사람은 술을 먹을 수밖에 없다고 말했다. 나는 계속 사이다를 마셨다.

밥을 다 먹고 나갈 준비를 하는데 그 사람이 옆자리 아저씨들의 이야기에 귀를 기울였다. 대충 친구에게 배신당해 돈을 날린 이야기였다. 그 말을 듣던 동료의 애인은 인상을 쓰더니 대뜸 싸워야겠다고 말했다. 이 말을 들은 중년의 남자가 "뭐 씨발."이라 소리쳤고, 당장이라도 싸움이 날 듯했다. 나는 동료 애인에게 이 식당은 내가 아끼는 곳이라고 말했다. 그 사람은 옆자리 아저씨에게 죄송하다 말하고, 밖으로 나가 편의점 앞에 서 있던 의자를 발로 차버렸다. 그러곤 자신의 삐딱한 행동에 대해 어려서 사랑을 받고 자라지 못해서라는 변명을 하더니, 나를 보며 "너와 우리는 너무 닮았어."라고 했다. 다른 건 모르겠고 자신의 마음을 알아 달라 애원하는 그 모습에서 내 모습이 보였다. 그 순간 나를 덮친 우울함을 감당할 수 없었다.

그 사람은 모든 걸 알고 있는 것처럼 말했지만, 그날 저녁 이 차로 간 노래방에서 소주를 가져오라 했을 때 직원이 생수를 주었다는 건 알지 못했다. 삼천 원에 산 생수. 난 직원에게 따지지 않았다.

1+1

2012년 12월 2일

어느 날 1은 1을 만났다. 1은 1에게 우리는 닮았다고 말했다. 그 말을 듣던 1은 자신도 1과 닮았다고 생각했지만 내색하지 않았다. 서로가 공통점이 많아질수록 경계는 모호해졌다. 자신이 1을 흉내 내는 것 같아 두려워졌다. 그래서 1은 억지로 1과는 다른 점을 찾으려 노력했다. 1이 자신에게 질리지 않길 바랐다. 그 둘은 마주했지만 서로 자신에게 실망할 게 두려워 아무 말도 하지 못했다. 결국 1과 1은 2가 되었다. 그들은 현실과 이상 사이를 견디지 못해 자신을 되찾아 줄 다른 공식이 있는 곳으로 떠났다.

1+1은 항상 2라고 배웠다. 그러다가 머리가 좀 자라고 나니 1+1은 창문이란 사실도 알았다. 좀 더 머리가 자라서는 내가 2라고 말하면 상대방은 창문이라 하고, 내가 창문이라 말하면 상대방은 2라고 말한다는 걸 알게 되었다. 정답은 상대방 마음이라 항상 내가 지는 무의미한 게임이라

생각했다. 어느 정도 세상을 알았다 자만하던 열다섯 살에, 누군가 다시 1+1이 무엇인지 아냐고 물었다. 나는 답을 맞힐 수 없다고 말했다. 그러자 그 친구는 나에게 1+1은 1이라고 말해 주었다. 순간, 명백하다고 믿는 사실조차 무한한 답이 있다는 생각에 모든 일들이 공허해졌다. 시간이 더 지나 그럼에도 불구하고 하나의 답이 되는 순간은 절대적이고 순수하다는 사실을 알게 되었다. 그 친구를 다시 만나고 싶었다.

나는 올해 누군가에게 "1+1은 1이에요."라고 자신 있게 말했다. 실제로도 하나의 질문 안에서도 답은 무한할 수 있다고도 말했다. 상대방은 이해하지 못했다. 그래서 생각하다가 마트 이야기를 했다. "마트에 가면 1+1 상품들 많잖아요. 그런데 두 개를 샀다는 기분보다 제품을 하나 산 것 같은 기분이지 않나요?" 그러자 상대방은 "아, 그러네! 이해가 가네!"라며 감탄했다. 아… 이게 아닌데.

따뜻하고 싶은 파랑

2013년 3월 31일

파랑은 차가운 자신의 모습이 싫어 빨간 옷을 입고 빨간 모자를 썼습니다. 주변 친구들이 파랑을 보고 더 이상 차가워 보인다고 말하지 않아 파랑은 행복했습니다.

파랑이 빨간 옷을 입는다는 걸 알게 된 빨강은 파랑을 보고 "넌 거짓말쟁이야."라고 말했습니다. "내가 원해서 파란색이 된 게 아닌걸?" 파랑은 기분이 파랗게 가라앉았습니다. 파랑의 파란 몸이 빨간 옷을 다시 파란색으로 물들였습니다.

파랑은 파랗게 물든 옷을 벗고 다시 빨간 옷을 입었습니다. 그걸 본 노랑은 "넌 왜 스스로를 감추기만 하니?"라며 다그쳤습니다. "난 단지 빨간색이 좋을 뿐이야." 파랑이 말했습니다. "아무리 감춰도 너는 파랑이야. 스스로를 받아들여."

파랑은 대답 없이 또다시 파랗게 변한 옷을 버리고 빨간 옷을 입었습니다. 그걸 본 또 다른 파랑은 "왜 우리들을 부끄러워하니."라고 다그쳤습니다. "부끄러운 게 아니야. 난 단지 빨강이 좋을 뿐이야."

파랑은 빨강에게도 다른 파랑에게도 받아들여지지 않았습니다. 결국 파랑은 빨간 옷을 버리고 빨간 페인트를 몸에 발랐습니다. 빨간 페인트는 파랑에게 스며들었고, 파랑의 몸은 검정에 가까운 색이 되었습니다. 빨강은 검정을 보며 말했습니다. "쯧, 내가 그럴 줄 알았지." 다른 파랑은 검정을 보며 말했습니다. "결국 자신을 잃어버렸구나."

하지만 검정이 된 파랑은 기뻤습니다. 많은 빛이 몸에 들어와 따듯했거든요.

기록하는 일

2013년 7월 5일

당연한 것만큼 두려운 것도 없다. 당연함은 곧 죽음이기에 나는 모든 것을 당연하지 않다고 생각했다. 그랬더니 어느 것도 나의 것으로 만들지 못하고 나와 나의 미련만 남았다. 어떠한 시작도 하지 않았다. 나에겐 육체가 필요하다. 모든 걸 기록할 책이 필요하다.

_ 2022년

이야기를 만들 때 언제까지 가능성에 대한 이야기만을 할 수 없다. 결국엔 같은 말의 반복일 뿐이기 때문이다. 그렇다고 규칙을 정해 버리면 반대의 규칙이 필요한 순간에 그것을 이야기한 것만으로 부정당할 수 있다. 그래서 말은 조심스럽다.

몇 년 전, 어떤 선생님이 "색연필로는 그림책 작업이 나올 수 없다." 이야기하셨는데, 얼마 지나지 않아 색연필로 그린 멋진 그림책들이 출간되었다. 함부로 무언가를 단정하는 건 매우 조심스러운 일이다. 특히 아이들은 뜻을 순수하게 받아들인다. 그리고 그 뜻에서 벗어나는 친구가 있으면 모를 수도 있다고 생각하는 게 아니라 틀렸다고 하기 쉽다. 다행히 요즘 그림책들은 교훈을 주는 이야기보다는 영감을 주거나 생각할 수 있게 하는 경험을 이야기한다.

예전의 난 그저 어떤 말이 완벽한 정의인지에 집착했다. 하지만 찾을 수 없었다. 2013년에는 아마 그 정의에서 벗어난 언어를 찾기 위해 노력한 것이 아닐까? 사실 나는 현재도 사람들과 이야기를 나눌 때 실수한다. 무엇인가 정의를 내리지 않겠다 하면서도 내 생각에 빠져 내가 나에게 하는 이야기를 타인에게 뱉어낸다. 누군가 나로부터 그런 멍청한 이야기를 들었다면 사과하고 싶다.

장마

2013년 7월 20일

골프장에서 비가 오면 이상할 정도로 좋아하는 사람, 극도로 싫어서 집에 바로 가는 사람, 싫다면서도 굳이 플레이를 끝까지 하는 사람이 있다. 날씨가 극으로 다다를 땐 더 과장된다. 천둥 치는 날 골프채는 인간 피뢰침이나 다름없지만, 그런 죽음의 경계에서 폭우를 즐거워하는 사람이 있다.

누군가 말하길, 비를 좋아하는 건 자신을 꽃과 같은 자연물로 치부하여 자연과 생물의 원류인 물로 다시 돌아가길 바라기 때문이라고 했다. 하지만 이상한 건 계속되는 비에 사람들이 지쳐 간다는 사실이었다. 어쩌면 자연 안에 갇혀지는 게 두려웠던 걸지 모른다. 이게 전부라는 것에 실망한 걸지도.

_ 2022년
저 일기는 내가 어떤 경험을 하기 전에 쓴 글

인 듯하다. 2013년 '그날'도 천둥이 정말 많이 쳤고, 손님들은 그 모습이 장관이고 아름답다고 말했다. 위험하니 들어가자고 아무리 이야기해도, 이것이 삶이라 말하며 낭만을 즐겨야 한다고 소리쳤다. 그러다 정말 가까운 곳에 번개가 쳤다. 사람들은 바로 땅에 골프채를 버리고는 전부 카트로 도망쳤다. 나에게 그 채를 주워 오라고 시키고, 빨리 돌아가자 재촉했다. 너무 짜증이 나서 아무 말도 하지 않았다. 자연과 친구인 척했지만, 결국 도망칠 수밖에 없는 사람들이었다.

다중 인격

2013년 7월 27일

다중 인격은 의학적으로 잘못된 단어다. 그럼에도 나는 다중 우주와 같은 개념으로 다중 인격이라는 말을 쓴다.

죽길 바라지만 죽는 것이 두렵고, 희망을 바라고 또 증오할 때 비참함을 느낀다. 많은 것들이 두렵다. 하지만 살아 있다는 건 항상 두려움과 마주해야 하는 것이었다. 살고 싶지 않으면서도 살기 위해 살아가는 나는, 스스로를 배반한 기분이 들었다. 나는 내가 살아도 괜찮은 이유를 찾으려 반은 미쳐 있었던 것 같다. 아직도 기억들이 선명하다.

학교가 끝나면 바로 집으로 돌아갔다. 집은 항상 나를 무기력하게 했고 죄와 공포로 가득했다. 하지만 난 아이러니하게도 항상 집으로 도망친다. 그리고 밤이 되면 대부분 날을 울면서 보냈다. 이불을 뒤집어쓰고 울다 벽에 걸린 십자가에 못 박힌 야광 예수상을 바라본다. 구원해 달라 애원한다. 죽여 달라 애원한다. 나중엔 분노하며 십자가를 던지고 싶은 충동을 가까스로 누르고 스스로를 혐오한다. 피아노 건반을 누르듯 열 개에 손가락으로 땅바닥을 짓누른다. 아무리 눌러도 바닥은 그대로다. 주먹을 쥐고 바닥을 짓눌러도 변함없다. 답답하다. 아무것도 통제할 수 없다. 손바닥을 가슴 위에 올리고 누르길 반복한다. 머리카락을 움켜쥐고 숨을 참는다. 숨을 멈추면 세상은 고요하다. 어디선가 나는 자동차 소리, 냉장고 돌아가는 소리, 시계의 초침 소리, 보일러 돌아가는 소리와 미세한 진동. 조용하고도 분주한 주변 소리가 들린다. 세상과 나 사이의 이질감에 당장이라도 미쳐버릴 것 같다. 두 손으로 얼굴을 감싸고 어금니를 꽉 문 채 독이 오른 투견처럼 눈을 뜬다. 나와 모든 걸 저주했다.

왜 나는 다르길 바라면서도 알아주길 바랐던 걸까. "너뿐만이 아니라 다들 그래."라는 말에 행복이 찾아오는 듯하다가도 착각처럼 느껴진다. 고등학교 때 선생님께서 굶주리며 살던 사람이 갑자기 호화스럽고 기름진 음식을 먹고 장이 꼬여 죽었다고 한 말이 생각났다.

나는 나에게 다섯 개의 인격이 있다고 믿었다. 크게 구분하자면 순수한 나, 사악한 나, 나를 보호하는 나, 그 속에 아무것도 선택하지 못하고 우왕좌왕하는 나, 내가 바라는 나. 대부분의 시간을 나와 이야기하며 지냈다. 나는 나를 분리하고 내가 아닌 척 살아갔다. 그 행동이 지금 나에게 문제가 될 줄 몰랐다. 인격체가 분리되고 각자의 인격체가 나름대로 자리를 잡아 성격이 선명해지면서 오히려 나라는 주체가 모호해졌다. 결과적으로 아무것도 선택하지 못하고 혼돈으로 가득했다. 시간이 지나 나에겐 정체성이 없다고 받아들였다. 스스로를 나누어 대화하는 일은 없어졌지만 아직도 기준을 모르겠다. 지금 이 글도 내가 전하려는 바가 뒤엉켜 주제를 잃은 글이 되었다. 나는 아마 지금도 방황 중이다.

_ 2022년 1월 10일

가끔씩 생각하는 것이 있다. '나는 나를 잊은 걸까? 찾은 걸까?' 하는 것들이다. 나는 나에게 잊히는 것이 싫어 일기를 썼다. 예전의 사실들을 망각하고는 마치 답을 찾은 것처럼 착각하고 싶지 않다. 그럼에도 완벽하게 나를 기억하진 못할 것이다. 일기장을 다시 읽어 보면 낯선 글과 낯선 경험들을 발견한다.

내가 가장 바랐던 미래는 모든 불행을 안고도 행복할 수 있다는 결말을 찾는 것이었다. 단순히 시간이 지나 점점 잊히면 괜찮아진다는 말은, 현재의 나를 부정하고 모르는 척 외면하고 잊지 않는 이상 행복은 불가능하다는 말처럼 들린다. 그때의 부정은 존재성에 대한 생존 여부와 같은 것이었다. 그것을 부정한 채로 "지나고 보니 괜찮더라."라고 말하는 것이 내가 두려워한 망각이었다. 그때의 나와 비슷한 상황에 처한 사람들이 있다. 그런 사람들을 위해 사는 것이 더 좋다는 납득 가능한 이야기를 만들고 싶다. 내가 그런 결과물들을 만들었는지는 모르지만, 적어도 그것을 만들기 위해 노력하고 있다. 과거에 내가 어딘가 존재했으면 하고 바란 사람의 모습이기도 하다. 바람을 안고 나를 붙잡아 준 과거의 나에게 감사하다.

과거의 내가 미래의 나에게 가장 궁금했던 그 질문에 답을 하자면 현재의 나는 많은 것들에 만족하고 행복하다. 물론 여전히 기억으로부터 남겨진 불안감, 우울 등이 있지만 그게 내 삶을 좌우하진 않는다. 예전에는 나에게 주어진 것들을 고민했다면 지금은 내가 선택하는 것들을 고민하며 그 선택이 행복을 좌우하고 있다. 과거가 있어 가능한 일이다.

꿈속에서 하는 대화

2013년 7월 29일

사람은 행복하길 바라기에 행복의 수단을 찾는다. 공식을 만들어 낸다. 그러다 수단과 목적을 동일시한다. 그 사람은 수단이 되어 버린 세상과 과거에 바란 세상이 다르단 걸 인지하지 못한다. 수단이 파괴되는 것을 두려워한다. 목적을 상실한다. 바라던 것은 죽어 있다.

수단을 낭만이라 이해하고 사랑한다. 타인을 자신의 공식에 넣는다. 자신만의 생각에 고립되어 타인의 감정을 수치화한다. 외로움을 느낀다. 자신과 모두가 죽어 있다. 과거가 좋았다고 말한다. 과거를 번복하면 행복할 것 같지만 똑같은 계절이 돌아왔다고 해도 과거의 계절이 돌아오는 것은 아니다. 하지만 그 사람은 과거의 계절을 기다린다. 더군다나 계절이 존재하지 않는 곳에서 계절을 기다린다.

엄마는 나에게 어렸을 때는 정말 귀엽고 예뻤다고 자주 말했다. 쉽게 할 수 있는 말이지만 어느 날 갑자기 대화하기가 싫어져 며칠간 말을 하지 않은 적이 있다. 나를 분리하여 비교하거나 비난받고 싶지 않다. 뭐 그럴 수도 있지. 난 그냥 잠을 잤다.

누군가 나를 보며 마음이 강해서 좋겠다고 하는 말도 그렇다. 그러곤 자신이 얼마나 불행한지 이야기한다. 나에겐 다른 가능성은 없는 듯, 입체감 없는 조연 캐릭터, 망한 드라마 대본 같다. 나를 보지 않는 그 사람은 나를 너무나도 잘 알고 있다고 한다. 우리는 대화하고 있지 않다.

실컷 우세요, 당신과 난 아무것도 보지 못할 테니.

꿈

2013년 7월 29일

우리가 소리를 듣고 색을 보면서 순수한 본질이라 생각하지만 사실 MP3로 소리를 듣는 것과 다르지 않다. 기기에 따라 소리가 다르고 이어폰에 따라 또 느낌이 다르다. 우리가 보는 것은 작은 신호와 에너지들이 뇌로 전달되어 이미지화한 것이다.

고통의 신호도 자기 보호를 위해 뇌가 보내는 경고다. 이처럼 우리가 보고 또 절대적이라 믿어 온 것들은 말로 설명하는 순간, 절대적인 진실이 아니라는 것을 알게 된다.

살아가는 건 색안경을 통해 환상 속에 사는 거다. 그럼에도 사람들은 꿈을 믿지 않고 현실과 구분한다. 난 꿈을 믿지만 몽상가가 아니다. 어떻게 보면 실존주의자다. 그릇과 정신이 있어야 실존한다 생각한다. 꿈을 꾸고 육체는 기록하고 그것을 현실로 느낀다.

수수께끼

2013년 8월 3일

그건 낮은 곳에 있고 높은 곳에도 있다. 그리고 오늘 나에게 있고 과거에도 있었고 미래에도 있다. 보이지 않지만 보이는 그것은 우리가 잃었을 때 닿을 수 없는 거리에서 선명해진다. 미숙한 이들은 어둠 속에만 그것이 있다 믿으며 그것을 고독의 아름다움이라 이야기하고 스스로를 어둠 속에 던진다.

"저기 이 빛을 보세요. 저런, 아무도 이 아름다움을 보질 못하네."

또다시

2013년 8월 17일

나의 이야기에 내가 없다. 어디에도 없는데 누군가는 내가 있다고 말한다. 내가 사라져도 또 다른 내가 아무렇지 않게 살 것 같아서 슬프고 무섭다. 그래서 겨울로 돌아가 다독이는 눈 밑에서 위로받으며 잠들고 싶다. 그러면 적어도 나 자신에게서 내가 선명해질 것 같다.

치료

2013년 8월 26일

커다란 외부 충격으로 그의 뼈가 조각났다. 가정 형편이 어려웠던 그는 가족에게 부담을 주고 싶지 않아 고통을 숨기고 자연적으로 치유되길 기다렸다. 결과적으로 교정받지 못한 그의 뼈는 잘못 붙은 채로 굳어졌다. 외관은 티가 나지 않았지만 그는 걸을 때마다 불편했다. 남을 위해 자신을 숨겼지만 느리게 걷는다. 핀잔을 듣는다. 아무도 그의 아픔을 알지 못한다. 그는 그대로 어른이 되었다.

그는 자신의 고통은 타고난 것이라 말한다. 남들처럼 평범하게 살지 못하는 것은 자신의 탓이라 믿는다. 조각난 파편의 오류를 자신의 운명이라 믿으며 살아간다.

그의 뼈는 다시 해체되고 다시 해석돼야 한다. 그를 부정하는 게 아니다. 그건 새로운 누군가가 되는 것이 아니라 원래 자리로 돌아가는 것이다. 자신의 뼈를 다시 조각낸다는 건 매우 고통스러운 일이란 걸 알고 있다. 내가 할 수 있는 일이란 수술에 동의하도록, 수술을 견딜 수 있도록 옆을 지키는 것이다.

그 상처 사이로 들어가 그의 일부가 되어 날 떠날 수 없게 하는 것은 어려운 일이 아니다. 언제든 그에게 없어선 안 될 것들을 만들 수 있다. 하지만 그건 정상적으로 보이지만 스스로 서 있는 것이 아니다. 소모되거나 사라지는 순간 주저앉아 버릴 것이다. 그는 또 다른 소모품을 찾는다. 그리고 그것이 일부라고 생각한다.

나는 누군가에게 일부가 되고 싶지 않다. 필수적으로 필요한 사람이 아닌 부가적인 인간이 되고 싶다.

어느새 수단으로 전락한 나를 바라본다. 스스로 떠나는 모습에 기쁨과 서러움이 교차한다. 이럴 바엔 제삼자가 되고 싶다.

빛과 어둠

2013년 8월 27일

어렸을 땐 어둠이 무서웠다. 요선동에서 살 적에 유치원을 마치고 집에서 낮잠을 자고 일어났더니 사방이 어둠으로 가득했다. 엄마 아빠는 맞벌이로 집에 없었고 오빠는 친구와 놀러 나가 집엔 나밖에 없었다. 주변이 너무 어두워 어디가 문인지 알 수 없었다. 나는 울면서 나를 구해줄 누군가를 찾았다. 아무리 불러도 아무도 나를 도와주지 않았다. 필요한 순간에 아무도 없을 수 있다는 사실을 알게 되었다.

착하면 복이 온다거나 도움을 받는다고 배웠지만 당시 나는 그저 두려움과 무기력함을 마주해야 했다. 나의 간절함과 노력이 부족해서일까 생각해 본다. 아무리 울어도 혼자라는 걸 알아서 울음을 멈췄는지 아니면 지쳐서 울음을 멈춘 것인지 기억은 안 나지만, 아무튼 울음을 멈췄고 주위를 둘러봤다. 그때 내가 본 건 창문 밖 하늘에 뜬 별이었다. 한참 동안 별을 봤다. 내가 무슨 생각을 했었는지는 기억이 나지 않지만 그 별에 의지했던 건 분명하다.

별은 고요하고 평온하고 자신의 자리를 지키고 있었다. 그 뒤로 별을 더 좋아하게 되었고, 지금도 자주 하늘을 보며 지낸다.

짝사랑

2013년 11월 4일

슬픔이든 분노든 죽어버린 무감각보다는 나에겐 행복이다. 슬퍼해야 할 순간에 왠지 모를 기쁨을 주체할 수가 없어서 미묘한 표정으로 산책을 나섰다. 모든 것이 계속 그렇게 살아 있길 바란다. 하지만 내가 사랑하는 것들은 화석과도 같아서 박물관 유리 벽 너머 바라볼 뿐이다.

때론 밤에 기댄 달이 된 것 같다. 벗어나길 바라는 바람에도 밤은 나를 채우고 비우길 반복한다.

그리움

2013년 11월 4일

맛있는 걸 먹어도 그다지 즐겁지 않다. 대단한 음식이라고 감각했던 과거의 느낌을 찾기 위해 노력하다 보면 실망과 아쉬움만 가득 찬다. 아무리 비싼 음식을 먹어도 그저 허전함을 채우려는 발악처럼 느껴져서 속이 뒤엉키는 듯하다.

기뻐하는 순간에도, 추억이 될까 두려워서 슬퍼하려고 노력하는 스스로가 애처롭다. 생각해 보니 난 너무 많은 것들을 두려워한다. 행복한 것들은 달아나지 않고 항상 그 자리에 남는다. 말 그대로 나는 지금 발악하는 중이다.

가출

2013년 11월 19일

어려서 '강하다', '어른스럽다', '든든하다', '부럽다'라는 말을 많이 들었다. 아이러니하다. 난 공부에도 그림에도 재능이 없다는 말도 들었었는데, 나를 부러워하는 이들이 많았다. 난 기대에 부응하기 위해 대부분 일들을 혼자 해결하려 했고, 때로는 어른들을 위로해 주는 아이였다.

나는 맞는 것이 두려워 가출한 적이 있다. 무작정 버스를 타고 학교로 갔다. 교문 앞에서 휴대폰 주소록을 수십 번 넘겼다. 내겐 전화할 사람이 아무도 없었다. 모두들 나보다 약했기 때문이다. 혹시나 해서 고모에게 연락해 보니 어떡하냐며 위로의 말만 할 뿐이었다. 의미 없는 대화만 길어질 것 같아 "괜찮아요, 제가 알아서 해결해 볼게요."라고 말하고 전화를 끊었다.

교무실에서 학생 주임 선생님을 봤지만 어떻게 말을 꺼내야 할지 몰랐다. 이제 와서 타인에게 무작정 의지한다는 건 비참하게 느껴지기도 했고 두렵기도 했다. 그냥 우연히 누군가 나를 발견해 주길 바라며 주변을 서성였지만 결국 모두 퇴근할 때까지 난 누구에게도 발견되지 못했다. 결국 수위 아저씨께 도움을 청했다. 도움을 청함으로써 누군가를 의지한다는 건 변함이 없었지만 수위 아저씨는 나를 모른다는 점이 괜찮았다.

그날 학교 양호실에서 잠을 잤다. 수위 아저씨는 비상 경보가 울리기 때문에 학교 문이 열릴 때까지 양호실 문을 열면 안 된다고 했다. 다음 날 아침, 머리에 떡이 진 채로 일어났다. 나는 담임 선생님께 사실을 말했고, 선생님의 도움으로 마대 걸레 세면대에서 머리를 감았다. 많은 친구들이 쳐다봤지만 조용히 구경만 했다.

시간이 흘러 그날 일을 고백하며 나를 이해한다는 말을 해달라고 엄마에게 부탁을 해 봤다. 어떠한 여유도 없던 엄마는 "나도 힘들어."라고 대답했다. 그래서 엄마를 이해하려 노력하고 스스로 위로했다. 나는 혼자서도 잘한다.

아빠가 돌아가시고 장례식장에서 누군가 나에게 화를 냈다. 가출한 그날 아빠에게 왜 전화했냐며 화를 냈다. 아마 그날 고모가 아빠에게 말했던 것 같다. 나는 지쳐 버렸고, 모든 것들에 화가 나서 미칠 것 같았다. 모든 것이 싫다.

궁금하다. 내가 전화한 그날 아빠에게 무슨 일이 일어

난 걸까? 아무도 나에게 말해 주지 않는다. 그게 너무 외롭다. 모든 것들이 외롭다. 나는 나의 장례식에 찾아와 슬퍼할 사람들이 미워서 자연스럽게 실종되고 싶다. 내가 모르는 나를 아는 이들과 마주하고 싶지 않다.

_ 2022년 3월 8일

이젠 누군가 나의 어떠한 점을 부러워하면 굳이 부정하지 않고 나에 대한 모든 걸 남발한다. 그러면 이야기를 듣는 대부분 사람들은 지겨워한다. 그렇게 알게 된 건 그들은 나에게 관심이 있는 게 아니라 나를 통해 자신을 바라본다는 것이었다. 의도적인 행동은 아니라 그저 어딘가 기댈 곳이 필요한 이들이다. 그렇다 보니 대부분 외롭다.

거울을 바라보며 타인이라 생각하는 것만큼 외롭고 기괴한 것도 없다. 사실 나도 그랬을 것이다. 아마 지금도 그럴지 모르겠다. 아무튼 이런 것들을 이해해도 어린 나이에 과도한 책임을 진 것이 아닐까 생각한다. 그리고 여전히 그런 환경에 노출되어 있는 아이들이 많다.

어쩌면 내가 그런 아이들을 이해할 수 없는 어른으로 자랐을지 모른다. 어른이지만 여전히 아이인 사람도 있다. 어리숙하다는 뜻이 아닌, 자신을 찾아올 누군가를 기다리며 아이인 채로 과거의 시간과 그 자리에 남아 있다는 의미다.

난독증

2013년 12월 7일

나는 기억력이 좋지도 않으면서 난독증도 있다. 아직까지 긴 글을 읽으려면 연필이 필요하다. 수많은 문장들을 토막 내야 이해할 수 있다. 여전히 '문제'와 '문재'에 대해 고민하고 있다.

'현제'와 '현재'도 우선 두 가지를 써 보고 눈에 익숙한 것을 선택한다. 지금은 많이 좋아졌다는 말에 사람들은 놀라워한다. 때론 이런 난독증으로 인한 문제를 해결하기 위해 누군가는 나를 의자에 앉혀 열심히 암기시키고, 내가 더 노력해야 한다고 설교했다. 많은 걸 암기해야 하던 중고등학교는 정말 돌아가고 싶지 않은 시절이다. 아직도 영어 단어들을 보면 모래 알맹이 같은 불규칙한 패턴을 읽는 듯하다.

사람들의 익숙함은 나에게 불편함을 준다. 때로는 효율적이고 합리적이어서 생기는 착시 현상들이 있다. 멈춰 있는 것이 움직이는 것으로 보이고, 같은 것이 같지 않게 보이기도 한다. 하지만 비효율적인 난 무언가를 기억하기 위해 계속 바라보게 된다. 누군가를 추억하는 대신 모른다고 말한다. 그래서 늘 보고 싶어 한다. 그런 걸 보면 난독증이 꼭 나쁜 건 아니다.

모순적인 서로

2014년 2월 3일

스스로를 사랑하지 못한 사람이 있었다. 자신의 감춰진 모습들을 혐오하는 사람이다. 자신의 실체를 알면 사람들이 자신을 싫어할 거라 믿었다. 그 사람은 자신을 사랑한다 말하는 사람보다 자신을 의심하는 사람을 신뢰했다. 스스로를 미워했기에 자신을 사랑하는 사람을 미워한다. 자신에게 관심을 가지고 애정을 표현하는 사람들에게 의지하면서도 그들을 심판한다. 자신을 사랑하는 게 아니라 말하고, 단지 착각했을 뿐이라 말하며, 순진하고 우둔하다 믿는다. 자신을 좋아하는 사람들에게 이기적으로 굴었고, 자신에게 실망하길 바라며, 떠나지 않길 바랐다.

자신을 좋아하는 누군가를 혐오하며 사랑할 다른 누군가를 찾는다. 그리고 자신의 행동에 지쳐 떠나가는 사람들을 보며 역시 사람들은 다 똑같다고 말하거나, 자신은 역시 구제 불능이라 여긴다. 그 사람은 나에게 어떻게 이런 스스로를 사랑할 수 있냐고 물었다. 그 사람은 자신이 던진 말들을 끊임없이 번복한다. 특별한 누군가를 찾았다 말하거나, 운이 나빴다고 말하거나, 자신의 행복은 불가능한 꿈에 불과한 일이라 말했다.

그 사람은 말없이 그저 곁에 머무는 순간들을 좋아했다. 누구도 질문해 주지 않았으면 했고 아무런 생각도 하고 싶어 하지 않았다. 그 말이 진심인지 물어보고 의심하는 타인을 이해하지 못했다. 단지 타인이 현실을 아직 알지 못해서, 너무 순수해서 혹은 진심으로 자신을 사랑하지 않기 때문이라 생각했다.

그는 어떤 것도 묻지 않고 자신의 옆에 있어 줄 사람을 원했다. 결국 자신조차 사랑하지 못했다.

어류

2014년 2월 17일

나의 의지와는 상관없이 물속에 빠져 버렸다. 수면 위로 떠오르기 위해 발버둥 치지만 무언가 나를 밑으로 끌어당긴다. 그 힘을 뿌리칠 만한 힘이 나에겐 없다. 저항할수록 내가 할 수 있는 건 사라져 간다. 수면 위로 얼굴이 조금 떠오를 때마다 셀 수 없을 만큼 기대를 품는 게 습관이 되었다. 하지만 수많은 기포를 만들어도 아무래도 좋으니 모든 것이 끝나버렸으면 한다. 아주 깊은 곳까지 닿아 아무것도 보이지 않았을 때, 수많은 압력에도 불구하고 고요한 그곳이 좋았다. 그대로 그곳에 숨고 싶었다.

내 의지와 상관없이 육체는 물을 잔뜩 머금고 부패하며 가스로 부풀어 올랐다. 나는 악취를 내뿜으며 그제야 수면 위로 올랐다. 비참했다. 아무도 나를 발견하지 못하도록 다시 잠기고 싶었다. 아무리 숨고 싶어도 나는 떠올려졌다. 사실 난 물고기라고 생각한다. 만나는 사람들에게 나는 물에 있어야 한다고 말한다. 혼자 있는 것이 좋다며 그들을 멀리 보낸다. 스스로의 말에 속아 나는 정말 물고기라 믿는다. 물 밖으로 나가는 순간 나는 죽을 것이다.

_ 2023년 8월 31일

최근 수영에 빠져 있다. 수영에는 나아가기 위한 저항과 불필요한 저항이 있다. 앞으로 나가려고 물을 밀어내면 저항이 커지기 때문에 그 외의 저항은 최대로 줄여야 힘이 덜 든다. 그리고 살기 위해 발버둥 치면 아무리 힘을 써도 몸이 가라앉고 산소를 금방 소모한다. 때로는 힘을 빼고 드러눕는 게 최고의 생존 방법이다. 파도가 치면 파도를 읽는 게 필요하다. 잠수가 필요할 때도 있겠지만 모든 순간에 힘을 쓸 필요가 없다. 그럼에도 잠겨버린다면 그때는 좀 더 자유롭게 물속을 돌아다닐 수 있을 것 같다.

나에게서 저항하는 것들을 잡아 뒤로 밀어내자. 아니면 해파리처럼 해류가 이끄는 대로 둥둥 떠 있어야지.

수면

2014년 2월 17일

어떻게 밖으로 나와 숨을 쉬고 있는지 모르겠다. 아직도 나의 일부는 심해에 남아 있다. 그래서 가끔씩 깊은 곳으로 가라앉아 나를 만난다. 그러려니 한다. 언제든 벗어날 수 있다. 그래도 오랜 시간 그곳에 머무는 건 무섭다. 가끔은 긴 시간 그곳에서 마비되기도 한다. 하지만 그리운 것은 물 밖에 있다. 돌아가기 위해 물속을 허우적거린다.

몸은 수면 위에 있고 생각은 아래에 있다. 나의 몸이 수면 아래로 다시 가라앉는다. 그러면 내 마음은 다시 위로 떠오른다.

_ 2022년

나는 수면 위에도, 그 아래에도 있다. 물고기가 되기도 하고 새가 되기도 한다. 불을 피해 물에 들어가기도 하고 불을 끄기도 한다. 과거를 회상하면 내 부패 원인은 수질 자체가 더러워져 병들었던 것이다. 그로 인해 내가 바이러스의 숙주가 될 수 있지만(어쩌면 이미 숙주일 수 있지만) 나름 스스로를 격리하며 열심히 청소도 했다. 어차피 정신세계의 일이니 굳이 합리적이거나 논리적인 이유로 불행할 이유는 없다.

내 방

2014년 4월 23일

어디부터 잘못된 건지 모르겠다. 나는 내 방을 싫어했다. 할머니가 외롭게 돌아가신 곳, 그 곳에는 빛이 들지 않고 바닥은 찢어져 있고 벽은 나의 손톱자국들로 가득했다. 문밖에는 날카로운 물체로 찍힌 상처들로 가득했다. 내 방은 가족들이 안 쓰는 짐들이 채워져 있어 정작 내 물건을 정리할 곳이 없었다. 창문 밖을 바라봐도 짐들로 가려져 있다. 일기장에 나열된 글자들이 내 방에서 가장 깔끔했다. 나는 한 달에 한 번씩 방에 있는 책을 모두 바닥에 던져 버렸다. 그리고 정리하기를 반복했다. 머릿속이 너무 복잡해 하나씩 정리하는 게 더 어렵다. 그래서 문제를 해결하기 위해 극단적으로 행동했다. 항상 처음으로 돌아가고 싶었다. 결국 무책임하게 파괴하거나 도망쳐 버렸다. 내 잘못이 없다고 스스로 위로하지만 결과적으로 나는 아무것도 얻지 못했다.

나는 아직도 내 방이 싫다. 나는 내 방에 있지 못하고 부엌에 있거나 거실에 있거나 다른 방으로 간다. 내 방에서 벗어나고 싶다. 어디부터 시작해야 할지 모르겠다. 틀에서 벗어나고 싶다. 하지만 나도 모르게 내 방에 대해 분석하고 나를 분석하고 타인을 분석한다. 난 분석하는 사람일 뿐 아무것도 아니다. 그 외에 아무런 말도 이야기하지 못한다.

아무것도 아니란 걸 알면서도 나는 돌아가고 싶다. 망상 속에 빠지고 싶지 않지만 망상이라도 절실하다. 나는 내 방을 찾지 못하고 맴돌고 있다. 내가 근사한 방 안에 있는 완벽한 꿈을 꿔 본다. 그 꿈이 꿈 안에서 현실이라는 점에서 위로받고 있다. 꿈을 꾸는 동안은 난 맴돌지 않는다.

_ 2022년 3월 8일

대학생 때부터 노트북에 '집'이라는 폴더를 만들어 놓고 언젠가 완벽한 집에 살겠다는 상상을 하며 그 폴더를 채웠다. 창문, 바닥, 화장실의 위치, 칫솔 배치까지 아주 자세하게. 더 이상 이사 가지 않아도 괜찮을 완벽한 집을 가지는 것이 오랜 꿈이었다. 스무 살 이후 지금까지 일과 공부를 이유로 일이 년 단위로 거처를 옮기며 살다 보니 정착에 대한 꿈은 갈수록 커졌다.

작년쯤 목표한 공부가 끝나고, 일도 제법 자

유로워져서 내가 장소를 선택할 수 있게 되었다. 서울 원룸에 지내며 공황장애가 생긴 나는 우선 고향으로 돌아와 강이 보이는 오래된 아파트로 이사했다. 그리고 이다음에 지낼 곳을 생각했다. 하지만 어디도 선택할 수 없었다. 돈도 이유지만 확신을 가질 수 없었다. 당장은 지금에 만족한다. 내 집도 아니고 꿈꾸던 집도 아니지만 곳곳에 내 물건을 채울 수 있어 좋다. 다만 고향에는 더 이상 내가 아는 친구들이나 동료도 없어 낙오된 것만 같다. 그래도 마음만 먹으면 어디든 찾아갈 수 있다. 과거에 내가 그토록 내 방을 싫어한 이유를 생각해 보니 그건 내 방이 아닌데 내 방이라 믿었기 때문이다.

4월 26일 생일

2014년 4월 27일

내 생일 일주일 뒤에 아빠가 돌아가셨다. 그 때문이 아니더라도 이전부터 내 생일을 싫어했다. 무의식적으로 기대를 하기 때문이다. 그날도 그랬다. 아빠가 케이크를 드시지 못하는 걸 알면서도 케이크를 가지고 병원에 갔다. 아빠는 케이크를 보고 인상을 썼다. 아빠는 멍한 눈으로 이 병원은 사실 옷 가게라고 중얼거렸다. 아빠는 집에 가고 싶다고 했고 휠체어를 사야겠다고 말했다.

아빠가 돌아가시고 난 후 집에 휠체어가 도착했다. 아빠는 나와 산책하고 싶어 했다고 한다. 하지만 난 이기적이게도 아빠의 마지막 순간까지 나를 각인하고 확인받고 싶어 했다. 아빠가 해 준 좋은 말들도 많지만 지금은 죽지 못해 산다는 말만 기억에 남는다. 무의식중에 내가 아빠처럼 사는 것을 두려워하고 있던 걸까? 꿈속에서 아빠는 늘 나를 미워한다. 아빠가 눈을 감지 못한 채로 돌아가신 것이 기억에 남는다. 나는 아빠가 두려워하던 것들을 그대로 물

려받았다.

주변을 보니 눈물을 흘리는 사람들로 가득했다. 내 주변엔 아픈 사람들뿐이다. 그들을 위로하다 보면 나를 잊을 수 있다. 모두들 나를 대견해했고 나는 그 말을 신경 쓴다. 나는 쉽게 일어나고 쉽게 무너지길 반복했다. 사실 잘 모르겠다. 아직도 도망가는 중이다. 꿈을 꾸는 건지 꿈에서 깬 건지, 어떤 것도 나를 반사하지 않고 통과해 버린다.

생일이 싫다. 나에겐 잠이 필요하다. 주변에 전화를 걸었다. 하지만 그러고 싶지 않다. 한 명은 전화를 끊어버렸고 한 명은 살기가 힘들다며 한숨을 쉬었다. 이해하면서도 우울했다. 나는 아니라고 생각했지만, 내가 잃어버린 모든 것에 대해 여전히 보상받고 싶어 한다는 것을 알게 되었다.

잠을 자야지. 아무것도 이루지 못한 하루에 대해 미련을 버려야지.

_ 2022년 3월 8일

지금은 딱히 생일이 싫지 않다. 케이크를 사 먹을 핑계가 생겼다며 올해는 어떤 케이크를 먹을지, 내가 나의 케이크를 고를 수 있다는 것이 즐겁다. 이전에는 누군가 생일을 축하해 주지 않으면 내가 잘못 살았나 싶었는데 이제는 그다지 중요하지 않게 되었다. 오히려 친구에게 아무도 축하

해주지 않는다며 슬픈 척하고는 친구가 당황하면 웃어 버리고 즐거워한다.

내가 사랑하는 사람들이 슬프지 않길 바란다. 그동안 나는 내가 슬프지 않길 바라는 타인을 바라왔는데, 바라기만 하는 사람은 되기 싫어서 이렇게 변했는지도 모르겠다. 아무튼 이제 나를 통해 나를 위로한다. 본래 이게 맞았던 게 아닐까?

과거의 나처럼 슬퍼하는 사람들을 위로하다 보면 내가 과거로 돌아가 나를 위로하는 기분이 든다. 내가 죽은 후에 만약 아빠를 만난다면 기뻐해 주지 않을까? 과거를 원망하며 왜 자신으로 인해 더 슬퍼하지 않고 이전의 슬픔을 잊었냐고 물어본다면 그건 내가 알던 아빠가 아니다. 나를 사랑하는 사람이 그럴 수 없다.

부끄러운 그림

2014년 5월 14일

아빠는 오빠와 내가 판사인 큰아버지처럼 되길 원했다. 그래서 아빠는 우리를 데리고 큰아버지를 따라다녔다. 나는 큰아버지와 큰엄마를 만나는 게 좋았다. 맛있는 걸 먹기 때문이다. 나는 당시 스파게티가 고급 음식이라 생각했기 때문에 판사라는 직업보다 레스토랑에서 스파게티를 사 주는 큰아버지가 대단한 사람이라 믿었다.

큰엄마는 항상 나에게 공부를 열심히 해서 좋은 대학에 들어가 좋은 남편을 만나는 게 최고라고 했다. 큰엄마도 E대학교에서 피아노를 전공하며 큰아버지를 만났다고 했다. 큰아버지나 큰엄마와 함께 있으면 나에게 먼저 말을 거는 사람들이 많았다. 형식적인 재미없는 대화가 이어졌고, 이런 대화만 하다 보면 외롭겠다는 생각이 들었다.

나는 유치원 때부터 그림을 그리는 게 좋았다. 그래서 그림 대회에 많이 나가 봤지만 입선도 해 본 적이 없었다.

잘 그리는 것을 떠나 내가 완성이라 생각해 제출한 그림은 흰 여백으로 가득했다. 그래도 난 즐거워하며 매번 그림 대회에 참석하고 싶다고 이야기했다.

그러던 어느 날 아빠는 그림을 그려둔 게 없는지 물어보았다. 그림이 없다고 말하자, 빨리 그림을 그리라고 하더니 다음날 상을 받아왔다. 나는 기뻤다. 학교 단상에 올라 상을 받을 수도 있다는 생각을 하며 선생님께 보여드렸다. 선생님은 그 상을 학교 복도에 전시해 주셨다. 지금 생각하면 내 생의 가장 부끄러운 상이 아닐까 생각한다. 알고 보니 그 상은 아빠의 인맥을 통해 얻은 상이었다. 상장 아래 사인되어 있던 국회의원은 후에 국무총리가 되었다.

아직도 내가 뭘 그렸는지 기억한다. 환경이 주제였는데 분리수거라는 제목을 적고 종이 귀퉁이에 네모난 상자 세 개와 두 팔로 깡통을 잡고 있는 사람 한 명만 그렸다. 어떠한 배경도 채우지 않은 그림이었다.

_ 2022년

아빠는 큰아버지의 삶을 동경했다. 아빠는 나에게 큰아버지가 이뤄낸 결과물들에 대해 종종 이야기하고 보여줬다. 내가 본 큰아버지는 의외로 소박하고 다정하신 분이셨다.

아빠는 성공에 집착하며 다양한 일에 도전했

다. 화장품, 선물, 옷, 인형, 비닐 도매, 주식. 마지막에 자리 잡은 일은 꽃 가게였다. 나는 아빠가 꽃 가게를 하는 게 좋았다. 아빠가 식물들을 정말 사랑하는 게 보였기 때문이다. 아빠는 아픈 식물들은 하우스로 데려가 치료하고 집에 가기 전에는 식물들을 위해 클래식이나 라디오를 틀어주고 떠났다. 이유를 묻자, 아빠는 "식물들이 좋아해서."라고 말했다. 그 말이 사실인지 하우스에 있는 모든 식물들은 전부 건강했다.

후에 알게 된 건 모든 식물이 땅만 비옥하고 물만 잘 주면 되는 게 아니란 것이다. 어떤 식물은 물을 가끔 주고, 어떤 식물은 물을 자주 주고, 어떤 식물은 그늘에 숨기고, 어떤 식물들은 일조량이 많은 곳으로 옮기는 등 이름과 특성을 외우고 같은 종이라도 세심한 관찰도 필요하다.

내가 기억하고 사랑하는 아빠는 그렇게 식물을 아끼고 사랑하는 아빠다. 나는 성공한 사람이기보다 사랑할 수 있는 사람이 되고 싶다.

우울海

2014년 5월 28일

어느 날 어린 새가 망망대해 위로 내던져진다. 바다는 끝이 없고 방향도 알 수 없다. 바다로 착지하는 순간 금방 물을 흡수할 기름지지 못하는 날개. 새는 살아 있다는 자체가 공포스럽다. 잠을 잘 곳도 돌아갈 곳도 없이 파랗게 멍든 바다만 가득하다. 바다 위에 만난 새들은 어린 새를 보살필 만큼 여유롭지 못하다. 자존심 강한 어린 새는 의연한 척한다. '나는 도움을 받지 못한 것이 아니라 받지 않는 것이다.', '시간이 갈수록 새는 너무 피곤하다.', '섬이란 게 존재할까?', '내가 섬에 도착해도 무슨 의미가 있을까?'라는 공포감만 있다.

새는 너무 지쳐 바닷속으로 뛰어들었다. 새는 자신의 의지와는 상관없이 본능적으로 살기 위해 발버둥 치고 다시 하늘 위로 올랐다. 새에게 남은 것은 물에 대한 공포감과 무력감이다. 죽지 못해 나는 새는 죽음을 기다리는 동안 최고의 꿈을 꾸자고 생각한다. 그러다 새는 우연히 착지할 곳을 찾았다. 바다를 횡단한 새는 육지에서 태어난 새들과 다르게 강인해 보인다. 많은 새들이 그에게 의지한다. 그를 부러워한다. 그는 새들이 멀게 느껴진다. 그는 언제쯤 쉴 수 있을까? 낯설다.

새는 죽음과 꿈 사이에서 중심을 잡는다. 꿈꾸지 못하는 삶은 살아갈 의미가 없다. 이상이 아닌 생존을 위한 말이었다. 하지만 새는 중력이 자신을 위해 존재하지 않는다는 걸 알고 있다. 그 끝에는 나라고 말하는 타인이 있다.

파괴에 대한 정체성

2015년 2월 13일

작년 2학기에 가장 큰 고민은 전시를 위해 어떤 그림을 그려야 할지에 대한 것이었다. 하지만 고민한 것에 비해 내가 만들어 낸 결과물은 무엇인가를 흉내 내는 헛소리였다. 심오한 척, 예쁜 척하는 속 빈 그림은 만들고 싶지 않았다. 기숙사로 돌아오니 속이 매스꺼웠다. 그리고 스스로에게 화도 났다. 결과물을 부숴 버리고 싶다고 생각했다. 그래서 다시 옷을 입고 작업실에 갔다. 가는 내내 정말로 두근거렸다. 신나기까지 했다. 나는 그 기분이 작업실에 도착하기 전에 사라질까 걱정되었다.

작업실에 도착해 장갑을 꼈다. 장갑을 끼지 않고 그림을 내려찍으면 다칠 수 있다는 생각부터 했다. 감정에 취하기보다 냉정하게 생각해야 한다. 자아도취에 빠지고 싶진 않았다. 하지만 생각처럼 그림이 잘 부서지지 않았다. 그림을 들고 발코니로 나갔다. 그림을 발코니 난간에 기울여 그대로 밟았다.

만족했다. 대학에 들어와 작업하면서 그렇게 즐거운 건 처음이었다. 내가 했던 작업 중 가장 솔직하게 임했던 것 같다. 아무튼 조각난 그림은 내가 상상한 것처럼 조각나진 않고 약간은 어중간한 채로 남았다. 흩어진 조각들을 모아 그림에 부착했다. 캔버스 뒤에 숨겨져 있던 갈비뼈가 캔버스 위로 올라갔다. 난 그림을 그대로 전시에 걸었다.

교수님께서는 미술관을 감독하시는 분이 내 작업물을 보고 나를 만나고 싶은데, 내가 괴팍한 사람일 것 같다는 말을 했다고 전해 주었다. 그 말에 교수님은 이 작업을 한 학생은 성실하고 온순한 학생이라고 말했다고 한다.

나는 사람들이 말하는 내 성향과 정체성에 혼란을 느끼며 무엇이 사실인지 방황했지만, 결론은 의외로 단순한 것이었다.

지극히 일인칭

2017년 1월 5일

글은 신기하다. 아무리 새로운 세계관과 나와는 다른 캐릭터를 만들어 내도, 이인칭이든 삼인칭이든 결국 지극히 일인칭이 된다. 그림 또한 타인을 그려도 대상이 한 명이든 두 명이든 모두 내 자화상이 된다.

일기를 쓰다

2017년 1월 6일

 오랜 시간 글을 쓰지 못하다 드디어 다시 글을 쓰게 되었다. 나의 글에는 내 글을 읽어 주길 바라는 대상이 있었다. 멀어진 친구, 내가 좋아하는 사람 혹은 나를 좋아하는 사람. 누구든 찾아와 나를 해석하고 이해해 주길 바랐다. 나를 아는 만큼 나에 대해 오해하지 않고 나와 가까워질 수 있다 믿었다. 오해를 통해 떠나간 사람들이 내 속마음을 알아준다면 다시 날 찾아올 거라 믿었다. 그래서 나는 일기에서뿐만 아니라 실제 사람들과 만나 대화하며 물어보지 않은 것까지 나에 대한 이야기를 했다.

 하지만 내 바람은 망상에 불과했다. 생각해 보니 정작 나와 가장 가깝고 나를 잘 알고 있다 생각하는 나의 친구에겐 다른 누구보다 내 과거에 대해 말해주지 않았다는 것을 뒤늦게 떠올렸다. 그제야 나의 과거를 안다고 해서 나와 더 가까워지는 것은 아니라는 걸 알게 되었다. 간혹 내 이야기에 흥미를 느껴 들려 달라는 사람도 있었지만 역시나 내가 바라는 사이가 되는 건 아니었다. 이야기는 단지 이야기일 뿐이다. '나는 책을 많이 읽었다는 것을 자랑하는 사람을 믿지 않는다.'라는 말과 비슷한 맥락이다. 이야기는 단서가 되어줄 뿐이다. 나의 이야기를 통해 사람들은 자신을 찾기도 한다.

아무튼 일기를 쓰기 시작한 목적 중 하나가 사라지고 나니 무슨 말을 해야 할지 몰라 그동안 글을 쓸 수가 없었다. 나는 너무나도 많이 타인에게 의지한다. 최근엔 대인기피증과 우울증으로 많은 시간을 보냈다. 그리고 이제는 내가 가야 할 자리로 돌아가고 있다. 나를 위한, 나를 향한 글을 쓰고 다듬으며 사색해야겠다는 생각이 들었다.

'나를 위함'이란 어쩌면 나를 읽으며 자신을 바라볼 타인을 위한 것이기도 하다. 그러다가 또다시 누군가를 위해 글을 쓰게 될지 모르겠지만. 나를 바라보자. 나를 좋아하는 사람들을 위해서라도.

꿈

2017년 1월 6일

　오늘 꿈속에서 꿈을 꿨다. 나는 내 머릿속으로 들어갔고 그곳에는 수많은 방이 존재했다. 그곳을 돌아다니다 정비소 같은 방에 들어갔다. 거기에 있던 누군가는 나를 보며 내 뇌 한쪽이 고장 났으니 수리해 주겠다며 뇌의 반을 가지고 갔다. 그리고 뇌가 반이 빈 상태로 다른 방들을 돌아다녔다. 그중엔 우주 같은 방도 있었다. 하늘에는 수백 개의 별들이 보였고 나는 별을 만지기 위해 하늘 위로 올라갔다. 하지만 결국 내가 만진 별은 벽지 그림이었다. 그리고 꿈에서 깨어났다.

　꿈은 정신의 방이다. 꿈은 의지와 무관하게 새로운 것을 창조하기도 하지만 결국 그것은 나의 인식에서 비롯된다. 방이란 결국 스스로에게서 벗어나지 못하는 인식의 공간이다. 사람은 각자의 방이 있다. 소통은 그 방과 방이 서로 교차하는 것이다. 소통의 놀라움은 외부에 대한 상상을 통해 새로운 것이 창조된다는 것이다.

태어나는 이유

2017년 1월 6일

나는 모태 신앙(기독교)이지만 불교 대학을 나왔다. 대학은 불교 관련 강의를 꼭 들어야만 졸업이 가능했다.

학교를 다니기 전 스님에 대한 편견이 있었는데, 세속적이지 않고 여유로운 신선 같은 이미지를 상상했었다. 하지만 그렇지 않았다. 학생들 앞에서 해탈한 것처럼 말하지만 시험 기간에 커닝 페이퍼를 소매에 숨기다 들킨 스님이 있었다. 또 스님들이 모이는 자리에 고급 승용차와 빛나는 시계, 선글라스를 끼고 등장한 스님의 모습은 꽤나 충격이었다. 그리고 학생 스님들 간의 벌점 제도가 있다는 사실도 꽤나 놀라웠다. 수업 중 한 학생에게 앞머리가 길다는 이유로 넌 절명하겠구나 외치던 스님도 있었다. 물론 좋은 분들도 있었지만 다양한 스님들의 모습을 보며 결국 사람 사는 게 비슷하다는 생각이 들었다. 아무튼 대학에서 불교를 공부하며 나는 왜 태어났을까 생각해 봤다.

나는 이과와 문과가 섞인 상상을 좋아하는데 그 상상

의 끝을 보자는 생각이 들었다. 이 세상이 우주의 거대한 폭발로 만들어진 것이라면 그 폭발의 원인이 필요하다. 또한 원인이 있다면 우연이든 아니든 작용, 즉 의지가 필요하다. 그것은 자연 탄생의 욕구와도 비슷하다. 우리는 어떠한 욕구로부터 태어났고, 그것을 증명하기 위한 존재라 생각했다. 그 의지는 분열되어 하나였다고는 믿지 못할 정도로 타인이 된다.

그 예로 몸은 나의 몸이지만 그저 의식만 할 뿐, 세포 하나하나를 조절할 수 없다. 때문에 내가 위험한 바이러스라 의식해도 몸은 그것을 받아들이지 않는다. 마치 성별과 나이, 성격까지 다른 인격을 컨트롤할 수 없는 다중 인격처럼 말이다. 고립되어 있기에 분열된다.

오래전 다중 인격에 대한 자료를 찾은 적이 있다. 다중 인격의 정확한 병명은 '해리성 정체 장애'였다. 한 부모가 자신의 아이를 작은 우리에 가두고 천막을 쳐 두었는데, 해리성 정체 장애를 보였다는 사례를 읽은 적이 있다. 다중 인격이 형성되는 이유 중 하나가 일종의 방어 체계라는 말도 있지만, 문과적 감성으로 해석하자면 자신을 인정해 줄 타인을 필요로 한 것이다. 양자 역학을 보며 확률적이어도 운명적인 것은 없다는 것으로 이해했는데, 그러므로 세상은 완벽한 타인을 만나기 위해 만들어진 것이라고 확신했다.

그래서 인간은 외롭고, 이 목적을 달성하기 위해 분열한다. 그것이 창작이든 여행이든 살아가는 것 자체가 태어난 이유가 아닐까 하는 생각이 들었다.

이사, 지난 시간을 돌아보며

2017년 1월 7일

영원히 춘천에서 벗어나지 못할 거라 생각했다. 하지만 스무 살부터 지금까지 춘천을 제외하고 용인, 안산, 예산, 온양, 경주, 홍천, 강촌, 오산, 신촌 등 각지 고시원이나 기숙사 등에서 생활했다. 그리고 그곳에 거주하며 주변의 다양한 곳을 돌아봤다. 길을 찾기 위한 과정이라 스스로를 위로했지만 사실 방황에 가까웠다. 길을 잃을 때마다 친구에게 전화를 걸었고, 그런 내게 질리진 않을까 무서웠다. 그리고 그 시간을 버텨 돌아온 곳은 그토록 떠나고 싶던 춘천이었다.

드디어 내가 원하는 것을 선택할 수 있게 되었다 생각했지만, 예상하지 못했던 대인 기피증과 우울증으로 아무것도 하지 못했다. 회의감이 들었다. 다양한 곳을 돌며 결국 이뤄낸 게 없다는 것에 대한 자괴감이다. 이것도 과정이라고 생각했지만 막상 이곳에 돌아오니 아무것도 남지 않았다는 기분이 들었다. 그리고 나는 아무것도 해내지 못할 거라는 공포 때문에 나에게 기대하는 사람들이 두려웠고, 전화가 울리지 않길 바랐다. 이런 상황 속에서 엄마는 나를 기다렸다. 해 보지 못한 요리나 해 보고 싶었던 요가와 수영도 다녔다. 그리고 조금씩 여유를 느끼기 시작한다.

휴식이 끝나고 2017년이 되어 처음으로 차선책이 아닌 선택으로 망원동으로 이사했다. 모르는 사람이 아닌 오래전부터 나를 지지해 주던 친구와 처음으로 함께 살게 되었다. 또 앞으로 내가 원하는 일을 할 수 있다는 사실이 정말 기쁘다.

그동안의 과정이 차선책이긴 했지만, 전혀 후회하지 않는다. 단지 지쳤을 뿐이다. 내가 원한 차선책이기도 했다. 나에게서 벗어난 이야기를 경험하며 이야기를 찾고 싶었다. 가상이 아닌 살아 있는 이야기가 쓰고 싶어 떠난 차선책이다. 정해진 길과 주어진 이야기들만을 보고 마치 모든 걸 아는 것처럼 말하고 싶지 않았다. 소재는 모았으니 이제는 순수하게 글을 쓰고 그림을 그릴 수 있는 성숙한 자아를 지니고 싶다.

목표라면 내 모든 것을 작업에 담아내는 일이다. 성공하는 것보다도 지금부터 죽음까지의 삶을 탄탄한 이야기로 완성하고 싶다. 그러기 위해 신중하고 천천히 방황하며 나아갈 것이다.

망원동 나의 방

2017년 1월 9일

이사를 하고 방을 꾸미면서 나를 알게 되었다.

한 달 전부터 작업을 위해 대략 세로 팔백 밀리미터에 가로 천팔백 밀리미터의 튼튼한 책상과 그 옆에 둘 서랍을 사야겠다 생각했다. 작업을 하고 계속 쓸 책상이다 보니 다른 것보다 신중했다.

그러다 중고로 올라온 골동품 책상을 발견했다. 체리나무로 만든 책상으로, 상판은 가죽이 씌어 있고 그 밑에는 중앙 서랍 그리고 그 중앙 서랍 양쪽으로도 서랍들이 있었다. 양쪽 서랍 아래는 여덟 개의 다리가 있고, 양쪽 서랍과 상판 사이에서 사이드 테이블을 뺄 수 있어 물잔이나 다른 물건을 세워 둘 수 있다.

책상은 노란빛이 옅게 나면서도 레드 브라운의 느낌을 지녔고 곡선마다 짙은 월넛 색상이 부드럽게 이어진다. 전체적인 디자인은 고급스럽고 웅장하면서도 실용적이고 소박한 느낌을 담고 있다.

책상을 사기 전 이 책상에서 글을 쓰면 멋진 이야기가 나올 거라는 상상을 했다. 그리고 작가들의 작업실 사진을 찾아보며 역시 이 책상을 사는 것은 운명이고 나는 이 책상을 사야 한다고 생각했다.

책상의 가격을 찾아보니 백만 원이고, 이제 생산하지 않는 제품이었다. 나는 절대 그 돈을 주고 새 책상을 사지 못할 것이기에 저렴하게 이 책상을 쓸 수 있다는 것에 신이 났다. 그런데 책상이 현관문을 지나가지 못할 정도로 컸다. 그래서 밑을 살짝 갈아서라도 들여놓겠다는 마음으로 책상을 사기로 했다.

직접 책상을 들고 가기 위해 트럭 기사님과 강남에 한 아파트로 들어갔다. 내가 아직 학생이라는 이유로 더 저렴한 십육만 원에 책상을 구입했다. 책상을 집으로 들일 때 다리 밑을 갈지 않고 억지로 집어넣는 통에 흠집이 났다. 하지만 흠이 난 부분을 직접 갈고 다시 색을 칠하고 우레탄 바니쉬로 마감까지 하고 나니 새것 같고, 본래 질감보다 더 나무 같은 느낌이 나서 손을 스칠 때마다 기분이 좋다. 지금도 침대보다 책상이 더 좋아 계속 앉아 있고 싶다는 생각이 든다.

지금 보니 내 방의 풍경은 이상한데도 편안하다. 본가에서 쓰지 않는 커튼을 달고, 책상 위에는 초록색 커팅 매트와 모던한 디자인의 엘이디 스탠드 그리고 파란색 추상화, 패브릭 사무 의자, 원색의 장난감들, 거대한 산타, 파란 피크닉 가방, 파란 서랍장, 흰색 러그, 책상 밑 페르시아 양탄자, 초록색 체크 이불 그리고 구석구석마다 숨어 있는 선물 받은 인형들.

오빠는 나의 우유부단함을 싫어했다. 무엇을 말하든 좋다고 말하니 솔직하지 못하다며 사실을 말하라고 했다. 그래서 스스로를 의심했었다. 하지만 방을 둘러보니 나를 조금은 이해할 것 같았다.

난 진지한 것도 좋아하고 실없는 말도 좋아한다. 고전 명작 영화를 좋아하기도 하고, 어이없는 B급 영화들을 좋아한다. 곱창 국밥을 먹고 나면 다양한 디저트가 먹고 싶다. 신기한 통조림 음식도 좋아한다. 좋아하지 않는 걸로 방을 채울 만큼 고행을 즐기지 않는다.

긴 시간 동안 나는 나의 그림에 대해 걱정을 많이 했다. 선생님들마다 나는 어떠한 그림을 그리는 것이 맞다 말하는데 공통점이란 것이 없었다. 나에게 특별한 개성이 없다는 사실이 걱정되었다. 그래서 나는 정체성이 없다고 생각했지만 사실 그것들을 다 좋아하고 있었다는 것을 알게 되었다.

경계를 나누는 것도 좋지만 지금 이 방처럼 다양한 이야기가 느껴지는 것도 나쁘지 않겠다는 생각이 든다. 다만 다양한 것을 담기 위해선 그만큼 모든 것에 대한 이해가 높아야 하고 그러기 위해 끝없이 노력하고 시도해야만 한다. 아무튼 언젠가 나에게 여유가 생긴다면 겨자색 커튼을 달고 싶다.

파괴의 미학

2017년 1월 12일

파괴적인 삶과 작품들, 랭보의 시, 마르셀 뒤샹의 변기, 에릭 사티의 악곡(惡曲)의 공통점은 파괴하고 새로운 의미를 부여하고자 했다는 점이다. 이들의 작품을 따라 하는 작품도 많다. 파괴가 반복되는 순간 더 이상 파괴라기보다 고착에 가깝다. 마치 유행처럼 된 파괴 행위는 더 이상 새로운 것을 만들기보다 파괴를 위한 파괴로 나르시시즘에 가깝다고 생각했다. 결국 다다이즘처럼 스스로를 파괴하며 끝날 것이다. 해체와 파괴의 목적을 잃어버린다면 결국 길을 잃어버릴 것이다.

오랜만에 랭보의 〈모음〉을 다시 읽으며 참 순수하고 다정한 사람이라는 생각이 들었다. 모음은 그 자체로 존재감을 낸다. 그는 모음에 색을 입히고 목소리를 주었다. 마치 팀 버튼의 괴물들처럼 소외되고 숨어있던 소수의 것들이 형태를 드러내며 존재감을 과시한다. 그의 예고처럼 과거 흑인, 성 소수자, 여성이 이미 새로운 모음 세계를 도래

시켰다. 그것은 기존의 세계를 파괴하는 것이 아닌 감춰진 것을 보는 것에 가깝다. 그런 점에서 파괴는 가치의 파괴가 아닌 틀의 파괴와 재해석이다.

의미 없어 보이는 것들을 진지하게 생각하는 이들을 '중2병'이라 놀리지만 중요한 시기이다. 자신의 존재를 의심하고 규정을 해체하고 그것을 파괴하며 본질에 대해 파악한다. 나에게 랭보의 시는 그런 파괴를 통해 새로운 것을 찾아낼 수 있다는 것처럼 들렸다. 고민을 억누르고 사회적 틀에 맞추려 하는 것은 삶에 대한 배려일진 몰라도 자아에 대한 무관심이다.

사람은 변화를 두려워한다. 일차적으로 답을 찾을 것이 아니라 소통이 필요하다.

외로운 마을

2017년 1월 25일

외로운 사람들이 사는 마을이 있다. 그들은 각자 다양한 크기의 기억이 담긴 자루를 들고 다녔다. 사람들은 각자 자신의 자루에서 다양한 기억을 꺼내 사람들에게 자랑한다.

그러나 어떤 외로운 사람은 자루에 아무것도 없었다. 자루에 아무것도 없던 그 사람은 자신의 방으로 돌아간다. 그는 빈방 안에서 아무것도 담지 않은 빈 자루를 머리에 깔고 불편하게 잠을 잤다. 다음 날 아침 그는 자루를 들고 밖으로 나갔다. 그는 눈에 보이는 것마다 기억하고 형태로 만들어 자신의 자루에 담았다. 그는 비로소 사람들에게 자신이 담은 기억을 보여주며 그들과 대화할 수 있게 되었다. 그리고 그는 자신의 집으로 돌아가 기억이 담긴 자루에 기대어 이전보다 편한 잠을 잤다.

그는 그다음 날도 더 많은 기억을 담을 수 있도록 노력했다. 시간이 흘러 기억을 담은 자루는 점점 커지고 무거워졌다. 그의 자루는 너무나도 커져 방 안에서 문밖으로 꺼낼 수 없었다. 문을 열 수도 없어 그는 자신의 기억 속에 사로잡히게 되었다.

그는 자신의 기억들을 오려 내고 버렸다. 가려진 기억 사이로 물을 주지 않아 시든 화초들이 보였다. 물을 준다. 그리고 침대를 샀다.

낙하

2017년 3월 31일

4월을 앞두고 불안감을 떨치기가 어렵다. 이전부터 새가 되는 꿈을 자주 꾸었다. 자유롭게 날다가도 어느 순간 나는 방법을 까먹어서 무작정 절벽에서 뛰어내렸고 억지로 다시 하늘을 날았다. 그렇게 날기를 반복하다 결국 그대로 추락하면서 잠이 깬다.

단순히 악몽이라 생각할 수 있겠지만 현실의 나도 그렇게 살고 있다는 것을 알고 있다. 그림을 그릴 때 나는 절벽에 있는 기분이 든다. 내가 어떻게 그리고 색을 쓰고 무엇을 그렸는지도 기억이 나지 않는다. 그래서 나는 철저하게 계획하거나 그저 색을 내지른다. 그림에 만족하는 만큼 불안함은 커진다. 사람들 관계도 그렇다. 시간이 흐를수록 나는 멈춰 있는 기분이 든다. 사람들이 많은 공간 속에서는 늘 식은땀이 흐르고 표정은 상기된다. 나에게 자연스러움이란 지극히 계획적이다.

발이 떨어지지 않는다. 말들이 입안에서 머물다 삼켜

진다. 많이 익숙해졌다 생각하면서도 사소한 것에 고민하고 있는 스스로를 보면 울고 싶은 기분이 든다. 사람들과 가까이 있고 싶다. 내가 울면서도 무리해서 앞으로 나가려는 이유도 그런 이유다.

그렇다 해도 불안함이 너무나 과도해 불필요함을 느낀다. 타인을 일반화하여 '그들'이라 말하는 것도 나의 망상에 불과하다. 모두가 다르다. 나는 타인을 보기 위해 타인보다 나를 볼 필요가 있다. 이번 4월은 좀 더 나를 즐기는 방법을 찾는 것만으로도 의미가 있을 것이다. 마음속으로 천천히, 천천히!

장벽들

2017년 4월 18일

내 기억들은 마치 도미노 같아서 사소한 자극에도 오래전 기억까지 다다르게 된다. 그래서 지나치게 슬프고 지나치게 기뻐하며 또다시 기억들을 정리하고 세우는 작업을 반복했다.

어제는 정말 이상한 날이었다. 자고 일어나니 B에게 메시지가 와있었다. B는 내 생일에 나를 만나 주겠다고 말했다. 그리고 그 날 자신은 힘든 일이 있어 우울할 것이기에 자신에게 선물을 주는 대신 밥을 사달라고 말했다. 내 생일은 일주일 뒤인데 그 날의 기분을 단정 지으며 나에게 선전포고를 한 것이다. 나는 B를 항상 위로해 왔지만, 왜 굳이 내 생일까지 그러는 걸까 싶었다.

짧은 대화 속에 그동안 B와의 시간, 관계, 그리고 지금까지 살아온 나의 시간들이 응축된 기분이 들었다. 이전에 나라면 내 모든 시간과 나를 버리고 위로했을 것이다. 하지만 이젠 더 이상 버티지 못할 것 같다는 말을 전했다. 그리고 내 생일이 아닌 다른 날에 만나 등산이나 자전거를 타자고 말했다.

별생각이 다 들었지만 우선 지금은 나에게 집중하자고 스스로를 다독이며 힐스에 갔다. 수업이 시작되고 사람들은 자신의 책을 선반 위에 두고 서로서로 각자의 작업을 구경했다. 사람들이 서로의 작업에 감탄하고 좋아하고 물어보는 상황들이 나에게는 낯설다. 타인의 작업을 좋아하고, 부러워하고, 질투하고, 울며 혼자의 감정으로 끝내는 것이 아니라 상대방에게 직접 말하고 물어보고 대답한다.

그 모습들을 보고 있으니 마음이 편했다. 내가 아무리 부수려고 해도 부서지지 않는 장벽들이 너무나 간단하게 와르르 흩어지는 기분이 든다. 아마 내가 특별한 상황을 마주한 것이 아니라 이전에 보지 못했던 것을 발견했을 뿐일 것이다. 오늘 하루의 기억은 순서 없이 물 위에 둥둥 떠 있는 기분이 들었다. 정확하게 그래서 좋고, 나쁘다를 말할 수 없지만 장벽에서 벗어나 다시 앞으로 갈 수 있다는 게 좋았다.

나는 대부분 시간을 홀로 보낸 터라 누군가가 내 안에 대해 물어보는 것이 익숙하지 않다. 자신에 대해 말하는 사람들도 아직은 어렵다. 문득 이제 시작이라는 생각이 들었다. 시간이 흐를수록 포기해야 하는 것들이 늘어난다는 말도 이해할 수 있었다. 이전에는 그 말의 의미가 바라는 것을 포기하는 것이라고 생각했다. 하지만 그게 아니었다. 과정을 잃어버린 결말이 얼마나 개연성 없는 것인지 알게 되었을 뿐이다. 나는 불필요한 부연을 빼고 개연성을 완성해 가야 한다.

오늘 가장 내 머릿속을 맴도는 말은, '스스로에게 솔직하지 못하고 사랑하지 않는 죄는 매우 크게 돌아온다.'는 것이다. 여러모로 담담해졌다. 결말을 선택하는 대신 말하고 듣고 느끼고 결정할 뿐이다.

의심

2018년 1월 1일

2017년은 사람으로 시작해 사람으로 끝났다. 감사한 마음만으로도 다른 생각을 할 수 없을 정도로 벅찬 한 해를 보냈다. 정신없이 한 해를 보내고 올해 내가 스물아홉 살이라는 사실에 여러 가지 이유로 놀랐다. 사람들은 나이를 먹을수록 우울하다 말하곤 하지만, 내가 이제는 어리다고 말하기엔 애매한 나이가 되었다는 사실이 기뻤다.

어렸을 땐 내 꿈에 대해 말하면, 어른들은 내가 아직은 어리기 때문이라고 말하거나 경험이 부족하다고 말했다. 그래서 나는 스스로도 내가 어리다고 생각하며 나 자신을 의심하고 성장하기 위해 어려운 길을 선택했다. 하지만 나를 의심하는 이들을 만족시킬 순 없었다. 어떻게 해도 사람들의 의심을 풀 수 없다는 것을 느꼈다. 또한 사람들이 말하는 나를 인정한다 해도 스스로에 대한 의심은 해소할 수 없다. 삶은 책 속 이야기와 다르게 죽음 말고는 결말이 없기 때문이다.

나는 지금껏 다양한 곳에서 다양한 사람을 만났고 그 사람들에게 귀를 기울였다. 이제는 조금씩 내 이야기를 해도 되겠다고 생각했다. 나는 아마 계속 변화할 것이다. 과거에 난 틀렸거나 지금이 진짜라고 생각하지 않는다. 순간순간을 의미 있는 것으로 기억하고 싶다.

내가 듣는 나의 목소리

2018년 3월 7일

멀리 보는 만큼 많은 것을 볼 수 있진 않다. 높이 날면 하늘에선 땅속이 보이지 않는다. 바닷속도 보이지 않는다. 그렇다고 바닷속에 있는 생물이 땅속에 있는 생물보다 더 많이 혹은 깊게 본다는 것도 아니다. 각각 높이에서 보고 느낄 수 있는 것이 있고, 다 안다고 말하지만 경험할 수 없는 것들이 있다. 많은 경험을 한 사람이라 해도 아무것도 경험하지 못한 사람의 시선을 느낀다는 것은 어렵다. 그런 의미에서 때론 우물 안에 사는 개구리가 바라보는 밤하늘이란 어떤 느낌일지, 그 시선을 동경하기도 했다.

책에서 본 한 문장이 기억에 남는다. "나는 미국인이기 때문에 영국인처럼 셰익스피어의 글을 이해할 수 없다."라는 글이었다. 단지 같은 단어를 쓴다고 해서 그것을 이해할 수 있는 것이 아니다. 소통이 가능할 뿐이다. 반대로 영국인도 미국인이 이해하는 것처럼 이해할 수 없다. 나는 그동안 스스로를 믿지 못한 탓에 물속에 대해 궁금할 때는 하늘을 나는 사람에게 물어봤고, 땅에 대해 궁금할 때는 물속에 사는 사람에게 물어보았다.

나는 내가 어디서 살아야 하고, 어디로 가야 하는 것인지 찾아다녔다. 이곳저곳을 떠돌며 알게 된 것은 오직 타인 속에서 나를 찾았다는 것이다. 내가 누군가를 사랑할 때 그 누군가에게 보여지는 내가 '내가 바라는 나'는 아니었다. 내가 처음 이야기하고 싶었던 것들을 다시 떠올려 봤다. 그리고 더 이상 수업 시간에 다른 것들을 물어보지 않도록 노력하자고 다짐했다.

타인의 삶 속에 비친 나도 내 모습이겠지만, 지금은 타인에게서 벗어나 오직 내가 느끼는 나의 목소리 자체에 대해서만 고민하기로 했다. 외부가 아닌 나의 그림 속으로 들어가고 싶다. 나는 더딘 사람이지만 언젠가 내가 바라는 곳으로 갈 거라 믿는다. 다른 사람들도 나를 믿어 줬으면 좋겠다.

망령

2020년 1월 31일

요즘은 불사의 기분이 든다. 시작하고 사라지고 다시 시작하고.

과거의 영광을 바라며 다가오는 죽은 이들을 만나기가 두렵다. 혹은 이미 나는 죽어 있는데 망령처럼 누군가의 주위를 돌고 있는 것은 아닌지 두려웠다. 나는 단지 현재의 시간에 머물고 싶을 뿐인데.

누수 탐지와 정신 치료

2020년 9월 14일

집에 물이 새는 원인을 알 수 없어서 스트레스다. 기사님이 여러 번 진단했지만, 정확한 원인을 알 수 없고 지출만 늘어났다. 그러다 자포자기 상태가 되었는데, 지금의 상황이 마치 내가 삼 년간 상담 치료를 받는 과정과 비슷하다고 생각했다.

심리 상담은 물이 새는 문제를 찾는 것과 비슷하다. 집에 물이 새면 집에 전조 현상이 나타난다. 곰팡이, 누전, 혹은 아랫집에서 물이 샌다며 찾아온다. 사람으로 치면 이유 없이 우울하다고 느끼거나(곰팡이) 아프거나(누전) 타인에게 폭력적이거나 파괴적인 행동(우리 집으로 인해 아랫집에 발생한 누수)을 하는 것이다.

벽지에 곰팡이가 자라고 벽지가 떨어져 나가는데, 이를 가리기 위해 새로운 벽지를 바른다면 같은 문제가 발생한다. 물론 단순히 곰팡이만이 원인이라면 락스 물로 해결할 수 있다. 그리고 자주 환기를 하는 것으로 문제가 해결

될 것이다(정신 치료에서 약물과 간단한 운동으로 치료할 수 있는 경우). 만약 그 곰팡이가 다른 이유(수도관 문제, 보일러 배관 문제, 외벽 문제, 건물의 틈, 건물 하자 등)로 인한 것이고 물이 새고 누전까지 일어난다면 정말 위험한 상황이다. 누전으로 차단기가 내려가 냉장고 안의 음식만 상하면 그나마 다행이다. 문제는 집에 불이 날 수도 있는 위험한 상황이다. 비가 올 때만 차단기가 내려가니 그 순간만 참는다고 괜찮은 게 아니다. 전문가가 필요하다. 본인이나 친구가 전문 지식 없이 대충 수리하는 건 상황을 더 악화시킬 수 있다.

누수 탐지 전문가(상담가)를 부르면 보일러 배관과 같이 쉬운 일은 금방 해결할 수 있다. 하지만 내부와 외부 균열로 인한 누수는 원인이 너무 많아서 전문가라도 쉽게 해결할 수가 없다. 다방면으로 원인을 찾고 수리를 시작한다. 옥상 방수 문제라 생각해 고쳤는데도 누수가 생기면 외벽 공사를 하고, 외벽 공사를 해도 안 된다면 다른 창들을 수리하거나 혹은 다른 집이 원인인지 찾아야 한다.

이 과정은 인내심이 필요하다. 시도는 하는데 진전이 없고 체력과 시간이 소비되니 힘들 것이다. 돈이 부족할 수 있다. 그럴 경우 우선 누수가 되는 곳의 전기를 차단하고 안전한 곳에서 지내며 자금을 모은다. 정신적인 여유가 없어 포기하고 싶다면 잠시 문제에서 벗어나 맛있는 음식을 먹고, 문제로부터 회피한다(약을 처방 받는다).

대규모 공사가 필요한 경우도 있다. 바로 옥상 방수다. 여러 세대가 함께 사는 경우 혼자서 방수 작업을 하기엔 큰 비용이 든다. 그 때문에 같은 곳에 사는 사람들이 돈을 모아 수리한다. 어떤 세대는 자기 집에는 문제가 없다는 이유로 수리를 거부하기도 한다. 건물 자체가 노후화되고 위험한데도 당장 자신에게 문제가 생기지 않으니 괜찮다고 생각하는 이들이다. 심리 치료도 비슷하다. 피해자 한 명이 아닌 가해자, 혹은 가족, 집단 치료가 필요한데, 누군가 거부하는 일이 생긴다. 이들을 설득해야 하지만 너무나 완강하게 버틴다면 다른 방법이 있다.

집의 경우 청구가 가능하다는 이야기를 들었지만 심리 치료는 간단하게 청구할 수 있는 일이 아니다. 우선 다른 곳으로 이사를 가거나, 자신이 원하는 집을 짓거나, 기숙형 근무지를 선택한다. 아니면 임시 보호소도 있다. 나의 경우 집을 떠나 기숙형 근무지로 간 적이 있는데 의외로 나와 비슷한 사람들이 많았다. 아무튼 이전 관계로부터 독립되어 새롭게 산다는 건 의외로 흥미로운 일이다. 언젠가는 자신이 바라는 집으로 갈 수 있다. 본인이 좋아하는 이웃을 만들고 찾아갈 수도 있다. 당장 나갈 수 없다면 '이런 집은 계약하지 말아야겠다.'라고 다짐하며 자신의 집을 탐구한다.

C의 초대장

2020년 9월 26일

자신의 공간을 찾아 떠도는 젊은 A가 있었다. 자신의 공간이 있는 젊은 C가 있었다. C는 A가 좋아서 A를 자신의 집에 초대했다. 그러나 A는 C의 집에 가지 않았다. C는 초대해도 찾아오지 않는 A에게 서운했다. 그렇다고 A를 찾아가 보진 않았다. C는 현대인들은 정이 없다며 한숨 쉬었다. A는 여전히 자신의 공간을 찾아 떠돌았다.

축축한 사람과
애매하게 찬 사람의 이야기

2021년 1월 14일

애매하게 찬 사람은 늘 건조하여 축축한 사람을 좋아합니다. 축축한 사람은 춥지도 덥지도 않고 기분 좋은 찬 바람이 부는 찬 사람이 좋았습니다. 그 둘은 함께 있는 것이 좋았습니다. 하지만 둘이 만나면 자연스럽게 먹구름이 꼈어요. 먹구름 아래에 두 사람의 얼굴은 당연히 어두워 보였습니다. 진짜 기분이 어두운 것인지 단지 그렇게 보일 뿐인지 알 수 없었어요.

그 둘은 불안했습니다. 결국 축축한 사람은 자신이 축축하지 않으려고 노력했고, 찬 사람은 따듯해지려고 노력했습니다. 누군가는 그 둘을 보며 안쓰러워했습니다. '자신의 모습을 부정하면서까지 만나려 하다니 비극이군.' 하지만 사실 축축하다 해도 단지 수분이었습니다. 언제든 비가 되고 눈이 되고 안개가 될 수 있었어요. 어쩌다 보니 축축한 상태의 자신을 발견했을 뿐이죠. 애매하게 찬 사람의 찬 바람도 그저 바람일 뿐. 잠시 그러한 계절에 있었을 뿐입니다. 그 둘이 언제든 맑은 하늘을 볼 수 있다는 걸 안다면 다시 먹구름이 껴도 그 계절을 함께 즐길 수 있을 텐데….

이상한 이야기들(1)
살인 토끼 이야기

2021년 1월 14일

자신보다 크고 강한 육식동물을 죽이는 토끼가 있었어요. 처음엔 온순한 토끼였지만 육식동물이 자신의 부모를 잡아먹어 용서할 수 없었거든요. 토끼는 육식동물이 잠을 자는 틈을 노려 죽였어요. 하지만 먹지는 않았죠.

토끼는 재판에 불려 갔습니다. 육식동물은 모든 동물들 앞에서 말했습니다. 자신들보다 그 토끼가 더 나쁘다 말했습니다. 자신들은 배가 고파서 살기 위해 토끼를 먹었지만 토끼는 단지 살육을 하는 것뿐이라며 도덕적이며 윤리적인 잣대로 토끼를 비난했습니다. 생태계가 무너져 결국 숲이 모두 위험해질 것이라 말했습니다.

그러자 토끼가 말했어요. "토끼라니 무슨 말이야. 정신 차려. 너희와 나는 모두 사람이야." 책장 너머를 보니 동물들은 보이지 않고 오직 사람들뿐이었습니다.

트로피

2021년 2월 26일

관념에 사로잡힌 대부분 사람들의 고민은 존재 가치의 불확실성에 대한 공포에서 온다.

트로피를 모으는 사람이 있다. 그는 트로피를 아끼며 트로피를 통해 위로받고, 성실히 트로피의 먼지를 털어낸다. 그는 트로피를 안고 잠을 잔다. 트로피를 보며 트로피가 살아가는 유일한 가치라 말하거나 사랑한다 말한다.

미래를 준비하는 그는 또 다른 트로피를 얻기 위해 노력한다. 그는 그것으로 자신의 가치를 느낀다. 사람들은 그의 트로피를 보며 감탄하고 그를 존경한다. 그들도 그처럼 트로피를 가지고 싶어 한다. 문제가 있다면 그 트로피는 살아 움직인다는 것이다. 어느 날 트로피들은 그의 선반에서 나와 어딘가로 도망가 버렸다.

피드백

2021년 3월 21일

어제 서울에 다녀왔다. 지하철엔 생각보다 많은 사람들이 있었지만 의외로 조용해서 그 공간이 낯설게 느껴졌다. 가끔 나는 사고로 죽었고 내가 만든 현실 속에서 홀로 살아가는 건 아닐지 상상하곤 하는데, 꼭 그 상상이 현실이 된 기분이 들었다. 지하철에서 내려 출판사에 도착했다. 얼마 전까지 출판사 주변은 사람이 없어 음산했는데, 카페와 새로 생긴 고깃집에 사람들이 북적이는 모습들이 낯설었다.

출판사에서 아는 얼굴을 만나니 마음이 다시 편안했다. 동시에 작업에 대한 피드백 받을 생각에 불안하기도 했다. 스무 개의 이야기 스토리보드를 전부 거절당한다면 꽤나 충격적일 것이다. 스트레스 때문인지 계속 가스가 차서 배에서 소리가 났다. 선생님은 내가 배가 고프다고 생각하셨는지 친구에게 선물 받은 한라봉을 주셨다. 한파 피해를 입어 팔 수 없는 한라봉이라 하셨다. 한라봉을 들어

보니 묵직한 느낌이 없었고 껍질을 까 보니 반 건조 과일처럼 퍼석했다.

선생님은 여러 개의 작업을 꼼꼼히 읽어 주셨다. 도중에 힘드셨는지 잠깐 잠들기도 하고, 나를 바라보며 자신을 왜 힘들게 하냐며 웃으셨다. 점심시간이 되어 선생님과 함께 밥을 먹고 나니 곧이어 피드백 시간이 찾아왔다.

먼저 펼친 건 부족해 보이는 작업들이었다. 신기하게도 내가 작업하면서 뭔가 답답하다 느꼈던 작업들이었다. 나는 재미있었지만 선생님은 재미없다 하는 것도 있었다. 플롯 구성에 대해 의견이 맞지 않았다. 나는 장르의 차이라 생각했지만 선생님은 이야기하는 방식 자체가 문제라 말씀하셨다. 결국 의견을 좁혀 합의점을 찾긴 했지만 선생님은 급격하게 피로해 보였다.

그다음은 조금 괜찮은 작업이었다. 나는 늘 피드백을 듣고 "아 그렇군요."라고 넘기지 못한다. '왜지? 어떤 공식으로 그런 결론이 나오지?'라며 납득할 때까지 궁금한 것을 전부 물어본다. 결국 시간이 길어져서 재미있는 작업들에 대한 피드백은 뒤로 미뤄졌다. 역시 선생님이 좋아하는 것들은 내가 흥미롭게 작업한 것들이었다. 과거로 역행하는 이야기, 정원에 대한 이야기, 잠자리 책, 다른 하나는 이전에 나온 책에 스핀오프로 만든 이야기였다. 특히 잠자리 책을 보시며 황당하다는 듯 웃으셨다. 선생님은 나를 보며 너만의 특이한 이야기 방식이 매력 있다 말씀하셨는데, 알 듯하면서도 모르겠다. 그렇게 다시 지하철을 타고 집으로 돌아왔다.

집에 돌아오면 늘 허전함을 느꼈는데, 요즘은 밖으로부터 무언가 가져온다는 기분이 들어서 허전하지 않았다. 그동안 많은 곳에서 지내서인지 아니면 다른 이유 때문인지는 모르겠지만 이전 환경들이 단지 나의 상상처럼 느껴졌다. 그래서 내가 떠나온 곳에 있는 사람들과 시간과 단절된 기분이 들었다. 이 말을 들은 동기인 언니는 "그래? 내 안엔 늘 네가 가까이 있어."라고 말했다. 나는 나름 노력하며 지내고 있다.

변하고 있다

2021년 3월 24일

후회한다는 건 다행이다. 변화를 바라면서 후회하는 것조차 없다면 절망적이었을 것이다. 그런 점에서 매번 드는 후회에 대해 '아직 내가 해야 할 것들이 많구나.' 생각한다. 이제는 별일 없이 끝이라 생각했는데, 여전히 해야 할 것들이 너무나 많다.

이야기의 완성

2021년 4월 1일

사랑은 원석과 같은 형태가 아니라 '이야기'라고 한다. 내가 좋아하는 그림책 중 하나인 《백만 번 산 고양이》을 읽고서 지금의 삶을 긴 이야기 중 하나의 챕터라 생각하기로 했다. 이 이야기는 고양이가 한 번만 살지 않고 백만 번을 살아서 더 특별했다. 아무 의미 없던 것도 끝이 오면 의미 있던 것으로 기억될 것이다.

우물 기술자

2021년 4월 26일

요즘은 계속 정신없는 날을 보냈다. 새롭게 시작하는 일이 많아졌다. 내가 잘할 수 있을지 걱정이지만 여전히 내가 그런 고민을 하는 사람이라서 다행이다. 늘 방황하는 일이 싫다 말했지만, 사실 정착하는 일은 더 싫다. 혹은 둘 다 좋다.

완성된 작업들은 각각의 우물과 같다. 시대성에서 벗어나거나 사람들에게 잊히면 우물에 고인 물이 썩듯 내용이 썩어 버리고, 썩지 않은 물은 누군가에겐 도움이 된다. 한 명 한 명 찾아가 물을 떠 주기엔 정신적으로나 육체적으로 불가능한 일이니, 나를 활용하는 건 그다지 합리적이지 않다고 생각했다. 그저 누군가에게 도움이 될 곳을 연구하며 좋은 우물을 만드는 그런 노동자로 충분하다.

여행자

2021년 4월 29일

더 이상 방황을 바라지 않지만 사실은 이곳에 그 감정을 느끼기 위해 여행자로 온 건 아닐까. 영원한 시간의 지루함을 떨치기 위해 기억을 잠시 잊고 다시 태어난 여행자. 여행이 끝나고 돌아가면 방황하던 삶이 의미 있는 여행이라 생각할지도 모르겠다. 영원한 시간 속에 있었다면 모든 일들이 시시했을 테니 말이다.

우는 사람을 보며 안쓰러움보단 아름다움을 느낄 때 스스로 이상하다 생각했지만, 어쩌면 영원한 시간에 있던 내가 품었던 감정에 대한 동경일지 모르겠다. 다시 영원한 시간으로 돌아간다면 지루함을 참지 못해 다시 여행을 떠나지 않을까? 적어도 여기서는 타인을 만날 수 있을 테니 말이다.

타인을 만나기 위해 나를 분열한 것이 지금의 세상일지도 모른다는 상상을 한다. 모든 것이 나의 마음대로 흘러가는 이야기 속에서 혼자 노는 느낌이 들었다. 내가 어찌

할 수 없는 세상이 된 것인지도 모르겠다. 그렇게 모든 일들이 외로움 때문이라 생각하니 영원히 남겨져 있을 나를 위로하기 위한 선물로 다양한 이야기를 만들어야겠다.

비어 있는 무덤의 극장

2021년 5월 3일

그는 나에게 무덤의 주인에 대한 이야기를 들려주었다. 하지만 그가 말한 무덤의 주인은 살아 있는 사람이었다. 그의 말을 이해하려 노력할수록 괴리감은 커져만 갔다. 내가 의견을 말하면 그는 나의 말을 존중해 주는 듯 보였지만, 난 단지 관객이었을 뿐이다. 어떠한 말을 해도 극에는 아무런 영향이 없었다. 홀로 몰입하고 흥분한 스스로가 바보 같다는 생각이 들었다. 사실 그의 이야기는 형편없었다. 만약 훌륭한 이야기라 해도 관객으로 살고 싶지 않다.

서핑

2021년 5월 10일

좋지 않은 습관이 다시 생기고 있다. 불확실한 상황을 앞에 두고 불안과 우울이 함께 찾아왔다. 우울을 잊고 지내다 다시 우울에 익숙해지려는 상황이 반갑지 않다. 최대한 기대와 설렘으로 상황을 바라보려고 노력하는 중이다.

예측할 수 없는 상황을 즐기자. 서퍼는 파도를 즐기는 사람이다. 파도는 예측할 수 없어 즐거운 일이다. 흐름을 거부하지 않고 타야 한다. 엎어지면 흐름을 찾고 다시 균형을 잡자. 여차하면 누군가에게 구조 요청을 하고, 바닷속으로 빨려 들어간다면…. 뭐 별수 없지. 그때는 프리 다이빙이라도 하자.

26페이지 이야기

2021년 5월 18일

"26페이지를 지난다면 너는 괜찮아질 거야. 그러니 별로 걱정 안 해. 네가 불안할 필요가 없어. 그건 불필요한 감정이야."

"하지만 여전히 불안한걸."

"바보 같긴. 언젠가 내 말이 맞았단 걸 알게 될 거야."

― 24페이지가 흐른 후 ―

"2페이지에서 말한 너의 말이 맞았어. 나는 이제 그 일로 불안하지 않아."

"그렇지? 너의 고민은 불필요했어."

"아니 나의 고민은 불필요하지 않았어. 의미 없던 건 너의 이야기였어. 그래도 나를 생각해 준 거라면 고마워."

아이는 다음 권으로 넘어갔습니다.

쫓다, 멈추다

2021년 5월 20일

내가 다른 사람으로 대체되지 않는다고 느꼈을 때 누군가와 비교할 이유도 없었고 질투도 사라졌다.

이야기의 결말

2021년 6월 8일

시간은 붙잡을 수 없다. 그러니 결말을 만들지 않고 흘러가게 둔 채 무엇인가 떠오르길 기다릴 뿐이다.

이야기의 시작

2021년 8월 1일

오늘 통장을 확인해 보니 연락도 없이 인세가 입금되어 있었다. 기쁜 동시에 부담도 생겼다. 다음 작업을 해야 하는데 감정이입이 잘 안 된다.

현재의 감정을 담는 건 쉬운데, 과거의 감정을 떠올려 보여주는 건 어렵다. 현실을 은유해서 허구를 창조하는 것과, 미지의 감정을 허구로 담는 일은 다르다. 그림을 그릴 때 예술가들은 사기꾼이 되어야 한다거나 글을 쓸 때 나를 담는 일이 바보 같다는 말도 있지만, 스스로 공감할 수 없는 이야기로 남을 설득한다는 건 나에겐 어렵다. 그래서 요즘 우울함을 기억하기보다 떠올려 느끼려고 노력한다. 실제 경험한 일이라 해도 그때의 감정을 다시 느끼는 건 다른 일이다. 결말도 지금의 감정으로 그럴싸하게 만들고 싶지 않다. 과거의 내 감정으로 극복해서 결말을 만들어야 한다.

막연한 환상보다 현실을 환상적으로 그리는 일이 좋

다. 지난 일에 대해 단지 '이러면 더 좋지 않았을까.' 하는 망상에 가까운 일기를 사람들에게 보이고 싶지 않다. 망상을 사실로 믿게 될 사람들을 생각하면 죄를 짓는 기분이다. 그러니 최대한 솔직하게 실패를 인정하고, 보다 나은 환경을 실제 현실에서 만들어 가야 한다.

사실 이런 점 때문에 우울한 감정이 들면 내가 한 이야기들을 지켜야 한다는 생각이 들고, 내가 한 말을 실천하려 노력한다. 어떠한 점에선 좋기도 하고, 단순히 의무감은 아닌지 의심하기도 한다. 아무튼 이제는 우울감을 친구처럼 맞이하고 언제든지 돌려보낼 수 있어야겠다는 생각이 든다.

새로운 작업을 위한 재료도 주문했다. 내 이야기에 나오는 캐릭터들에게 좀 더 애정을 줘야겠다. 일방적인 애정에 대해 그건 가치 없고 고통스러운 일이라 생각했는데 마음을 고쳐야지. 어쩌면 지금 나의 문제를 해결하기 위해서는 논리적인 접근보다 감각적인 접근이 더 맞을지도 모르겠다. 감각하고 휩쓸리고 표현한다. 생각해 보면 이전 작업에서는 그림을 그릴 땐 그런 기분으로 했던 것 같다. 논리에서 벗어나는 게 정답일지 모르겠다. 감정 표현 자체가 그런 것 같기도 하고.

감정의 계량스푼

2021년 9월 2일

늘 최선의 선택을 고민한다. 최선의 선택은 과거를 기반으로 하기에 새로운 가능성은 비효율적이라며 배제할 때가 많다. 그렇다 보니 답이 없을 땐 회피가 가장 합리적인 것이라 생각해 왔다.

나에겐 그런 식으로 끊어진 관계가 많다. 최악의 상황을 상상하며 나와 함께하면 불행하다는 결론을 내린다.

한때 서로 투덕거리며 싸우는 부부를 보며 '굳이 왜 함께 살지?'라는 생각을 정말 순수하게 했다. 여러 사람들에게 질문을 던지며 찾은 나의 오류는, 내가 주고받는 말 속에 담긴 감정을 빼고 오직 문장 그대로를 해석하고 있었다는 점이다. 하지만 서로 의지하는 사이이기에 그렇다는 건 여전히 받아들이기 어려운 일이었다.

이뿐만이 아니었다. 타인의 성장 과정 속 한 부분만 보고 정체성이라 단정하고 살아온 것이 아닐까. 이미 나와 상대방의 한계를 정하다 보니 미래가 보이지 않는 건 당연한 일이었다. 어찌 보면 내가 가능성에 매달려 힘들었던 과정들을 '모두 그럴 것이다.'라고 일반화하며 다른 가능성과 타인을 무시해 왔던 걸지도 모르겠다.

    사랑이란 건 하나의 결말인 줄 알았는데 끝없는 이야기에 가깝다. 그것도 모르고 결말을 기대하며 무너져 간 게 아닐까? 가끔 내가 다시 관계를 맺고 사랑을 하더라도 같은 실수를 하지 않을지 그런 생각들을 한다. 어찌 되었든 나의 방향성은 늘 그대로다. 늘 스스로 자만하지 않고 타인을 사랑하길 바란다. 그리고 그 사랑이 타인에게도 행복한 일이길 바란다.

    여러모로 어렵다. 이런 노력 자체가 문제일지도 모른다는 생각도 든다. 생각보다는 감각하는 것에 좀 더 시선을 둬야지. 그러기엔 감각이 너무나 동물적이라 문제지만 균형은 어렵다. 요리책처럼 몇 그램으로 알려 주면 좋을 텐데. 많이, 적게 또는 한 큰술, 두 스푼… 뭐라는지 모르겠다. 숟가락 모양이나 올려진 양의 부피가 다 다른걸. 문득 밝게 표현하라 하면 흰색을, 어둡게 표현하라 하면 검정을 쓰는 나에게 왜 그렇게 극단적이냐고 했던 입시 선생님의 말이 생각났다. 선생님은 결국 색을 만들어서 보여주셨다. 나는 타인의 숟가락 크기에 관심을 주지 않고 숟가락의 크기를 하나로 정의하며 모든 걸 일반화해 왔는지 모르겠다.

    내가 타인과 대화할 때면 '그래서 요점이 뭐지?', '부연은 의미 없다.'라고 생각했다. 하지만 그 사람은 열심히 자신의 숟가락에 대해 설명해 왔는지 모른다. 그런 걸 보면 타인이 나를 보며 무심하다 생각하는 건 당연한 일일지도. 문제라면 아무리 설명을 들어도 아직 그 사람의 숟가락을 상상하는 게 어렵다는 거다. 좀 더 귀를 기울이면 더 잘할 수 있을까?

어찌 보면 비효율적이고 피곤하다는 생각이 들고, 어찌 보면 다채롭고 예술적이다.

이상한 이야기들(2)
수상한 광고

2021년 9월 8일

마음 착한 거인이 있었어요. 거인의 손가락은 거대하고 투박했어요. 꽃 한 송이를 손가락으로 집어 올렸지만 손가락에는 짓눌린 꽃들과 풀 그리고 흙이 있었어요. 그래서 거인은 꽃을 멀리서 바라만 보았습니다. 가끔씩 물도 주고 폭풍도 막아 주었어요. 꽃밭이 넓어져 거인이 사는 곳까지 가까워지자 거인은 멀리 떠났습니다. 거인이 도착한 곳은 모래사장으로 가득한 섬이었어요. 바다는 매우 아름다웠습니다.

시간이 흘러 거인이 떠난 꽃밭은 명소가 되어 다양한 사람들이 찾아왔어요. 많은 가게가 들어섰죠. 꽃들은 자연스럽게 죽어가지 못했고 관광 명소 유지를 위해 강제 번식되었습니다. 그리고 바로 옆에 공장이 들어서서 플라스틱으로 만든 가짜 꽃 기념품이 대량 생산되기도 했죠. 정말 슬픈 일입니다.

여기 대체 불가 토큰(NFT) 꽃이 있어요. 어떤 것도 해치지 않고 영원히 기억하고 간직할 수 있죠. 사랑한다면 구입하세요.

삼십만 원의 가격으로 판매합니다.

언제든지 연락 하세요.

*NFT : 대체 불가 토큰(Non-Fungible Token)이라는 뜻으로 희소성을 갖는 디지털 자산. 소유하되 행사할 수 없는 권리.

익숙함과 무뎌짐

2021년 10월 1일

새로운 일을 하는 건 대부분 비난 속에서 시작한다. 새로운 결과물에 대한 평가 기준은 문화가 형성된 뒤에 벌어지는 일이기에, 보통 새로운 결과는 기존의 틀에 맞춰 평가받는다. 권혁수 선생님은 비난받았다면 오히려 성공한 것이라며 익숙한 것들을 거부하라 하셨다.

지금의 나는 내가 만든 상황에 익숙해지고 있다. 불안한 일이 없어 불안하다니 아이러니한 일이다. 한편으로 당연히 불안해야 할 때에 불안하지 않아 스스로 멈춰버린 것이 아닐까 하는 생각이 든다. 바람이나 물속에서 버티는 무거운 것들도 조금씩 깎여 나가기 마련이다. 깎이고 있으면서도 그 변화를 인지하지 못하고 무뎌지는 감각이 싫다. 죽어가는 것과 별반 다르지 않게 보였다. 나를 조금씩 발전시키고 바꾸려고 노력했지만, 결국 나를 더 견고하게 하고 그만큼 무뎌진 건 아닌지 그런 생각이 들었다. 여행이 필요하다.

나를 위한 계란 삶기 레시피

2021년 10월 5일

1. 냉장실에 있던 계란을 실온에 10분 이상 방치하기
(중란하고 대란 사이 정도의 크기 50g)
2. 계란을 넣은 채로 물을 중불에 끓이기
3. 작은 기포들이 올라오면 센불로 5분 30초 삶기
4. 찬물에 넣기
5. 내가 좋아하는 반숙 계란 완성

인터넷에 있는 반숙 만들기를 따라 해 봤는데 제대로 성공한 적이 없다. 이유를 생각해 보니 계란 크기에 대한 정보가 없었다. 물이 차가울 때 기준인지 미지근할 때일지도 모르겠고, 냄비도 무엇을 써서 열전도율이 어떠한 지도 모르겠다. 중불이나 센불의 정도도 각 환경에 따라 다르다. 나에겐 센불이지만 다른 곳에선 중불일 수 있다.

결과를 만들기 위한 여러 방식과 노하우가 공유되지만 나의 환경에 맞추어 레시피를 활용해야 한다.

_ 2023년 6월 29일

의도와는 조금 다른 이야기지만, 올해 육안으로 계란이 얼마나 익었는지 확인할 수 있는 계란 타이머를 천 원에 샀다. 세상 좋아졌다. 하지만 아무튼 사람은 아날로그니까.

문득 사이보그가 생각났다.

최초치초치최종

2021년 12월 3일

디지털로 작업을 해 보자는 이야기를 듣고 "오 그러면 저야 더 편하고 좋죠."라고 말했던 스스로가 정말 밉다. 이전에 인피니티 스크롤에 대한 글을 쓴 적이 있는데, 디지털 작업을 한다는 건 끝없는 수정 작업이다. 일 밀리미터 간격으로도 그림이 변하고 색이나 구도 연출에 대한 가능성이 무궁무진해서 같은 장면의 그림을 가지고 '최종', '최최종', '최최최최ㅢ종' 파일이 끝없이 생성된다.

디지털 작업의 단점은 작업 소스가 후지다는 사실을 간과한 채, 그저 미세한 변화에 매달리다 구성이 잘못되었다는 걸 망각하는 것이다.

우선 지금 하는 작업을 다 내버려 두고 러프 작업부터 다시 시작해야지. 그리고 자료를 많이 찾아봐야겠다. 다듬는 건 마지막에.

행복한 왕자

2021년 12월 31일

어릴 때부터 동화처럼 순수한 이야기를 좋아했다. 이야기 속 주인공들은 정말 순수하고 솔직하다. 인간관계가 어려웠던 나에겐 이야기 속 주인공은 누구보다 가깝게 느껴졌다. 그리고 내가 말할 수 없는 고민에 대해 먼저 자신의 이야기를 꺼내 주는 동화 속 주인공이 유일한 소통이기도 했다. 그래서 누구보다 신뢰하며 따랐다.

어려서 정말 좋아했던 주인공은 '행복한 왕자'였다. 자신을 희생하며 다른 사람들을 행복하게 해주는 모습이 멋져서 나도 남들 모르게 희생해야겠다고 생각했다. 그러면 모두 행복할 거라 생각했지만 실제 삶에선 만족을 모르고 욕심이 끝없는 사람도 있었고, 전하기도 전에 그 마음을 훔쳐 가는 사람들도 있었다. 그리고 왕자를 도와주는 제비 같은 존재를 만난다는 것부터도 어려운 일이다. 그 희생이 정말 상대방이 원하는 것인지도 간과했다. 희생은 오히려 상대방에게 상처가 되기도 했다. 만약 자신을 사랑한다면 기꺼이 희생해달라며 그 희생을 기뻐하는 사람이 있다면 당신을 사랑하는 게 아니니 빨리 도망가자. 적어도 사랑하는 사람이 슬퍼한다면 덩달아 슬플 것이다. 희생을 바랄 이유가 없다.

행복한 왕자의 숭고한 희생에 감사함을 느끼지만 차라리 보석을 팔아 투자해서 기부하거나 재단을 설립하거나 따뜻한 가게를 만들어 사람들에게 사랑받았으면 하는 바람이 있다.

심지어 우리는 동상이 아니다. 마음을 움직일 수 있는 글을 쓸 수도 있다. 나는 행복한 왕자처럼 마음 따뜻한 사람을 좋아한다. 내가 좋아하는 사람이 녹아내려 사라지지 않길 바란다. 이 시대에 더 많은 행복한 왕자가 생존하길 바란다.

그림책

2022년 1월 7일

유치원 때 가장 좋아하던 시간은 구연동화 시간이었다. 그때 들었던 이야기는 아직도 기억한다.

친구와 놀고 싶은 하마가 있다. 하마는 덩치가 크고 무거워서 동물들이 노는 곳을 망가트렸고 동물들은 하마를 쫓아냈다. 자신이 놀 수 있는 곳을 찾지 못한 하마는 작은 물웅덩이를 발견한다. 그 물웅덩이는 면적이 좁아서 동물들이 다 같이 놀 수가 없다. 하지만 하마가 웅덩이에 들어가면서 물이 불어나 모두 함께 놀 수 있게 되었고, 하마는 동물 친구들에게 사랑받았다는 이야기였다. 초등학교 1학년 때는 이 이야기로 구연동화 대회에서 은상을 받았다. 그 상은 내가 가장 아끼는 상장이기도 했다.

일곱 살에 이사 간 아파트에는 전래 동화 전집이 있었다. 처음엔 글을 읽지 못해 그림을 보고 이야기를 만들며 놀았다. 글을 읽을 수 있게 된 후에도 같은 내용의 책을 수십 번 읽었다. 그리고 그 이야기가 말하는 것들을 지키려 노력했다. 어려서 했던 생각이었지만, 지금 생각하면 정말 무서운 발상이다. 어떠한 경험과 비판 없이 이야기를 그대로 받아들이다니! 그런 의미에서 어떤 매체보다 어린이들이 접하는 문학은 신중해야 한다고 생각한다.

이제는 다양한 그림책들이 나오지만 당시에는 여러 종류의 이야기를 접하는 게 어려웠다. 대부분 힘들어도 홀로 감당하고 인내하면 누군가 그 노력을 알아주고 기적이 일어난다는 이야기였다. 나는 고민들을 감추고 참으면서 언젠가 세상이 내 마음을 알아주길 바랐다. 심지어 내가 좋아하는 산타조차 울면 선물을 주지 않을 거라 말하니 다른 방법이 없었다.

지금은 꼭 그런 건 아니라 말할 수 있지만, 당시에는 아이로서 이해할 수 없는 상황이 찾아오면 아직 내가 알 수 없는 영역이라 치부하고 어른들의 선택을 믿었다. 적어도 겉으로 보기에 반항적인 아이가 아닌 순종적인 아이기에 어른들의 입장에서 볼 땐 별문제 없는 아이로 보였을 것이다. 실상은 기적이나 우연이 당연히 벌어질 거라 믿으며 그것만 기다리는 아이였지만 말이다. 하지만 나의 바람과는 다르게 기적 대신 문제들이 찾아왔다.

늘 나를 감추고 의무처럼 친구들을 위로했다. 아빠마저 어른으로서의 고민들을 내게 이야기했다.

지금은 그 시기를 잘 버텨 다양한 사람들의 이야기를

알게 되었으니 잘 됐다며 편하게 이야기한다. 하지만 과거의 나에게 그냥 참으라고 말하고 싶지 않다.

과거와 현재를 이어 이야기를 만든다. 빨간 세상이 찾아와도 행복을 인식하는 파란 늑대의 이야기나, 부족한 상태로 삶을 즐기는 신부에 대한 이야기들이 그렇다.

그렇다고 과거에 내가 본 책들을 읽으면 안 된다고 말하는 건 아니다. 좋아하는 책은 있지만 그 책만을 추천하고 싶지도 않다. 나에게 필요한 이야기라 해도 그 이야기가 어떤 아이에게 어떤 부작용을 줄지 모른다. 내가 생각하기엔 모두에게 모든 순간을 충족시킬 우월한 그림이나 이야기는 없다. 누군가에겐 전래 동화가 말하는 인내가 필요하거나 어떠한 영감을 줄 수 있는 일이다. 또 적당히 부정적인 이야기는 스스로 비평하는 힘을 길러줄 수 있다. 그러니 최대한 다양한 이야기를 보며, 이야기가 막히면 전혀 다른 이야기를 선택할 수 있다고 느끼면 좋겠다.

"엄마가 좋아? 아빠가 좋아?"에 대한 고찰

2022년 1월 7일

작가로서 사람들과 만나다 보면 대부분 본명인지부터 물어본다. 사실 오소리는 본명이 아니다. '김'이라는 성을 가지고 있지만 가족의 성을 버리고 싶어 '김'을 지우고 '오'로 대체했다. 그렇다고 가족을 싫어한 건 아니다. 단지 가족이기 때문에 의무감으로 좋아하는 게 아니라 나는 나로서 가족을 이해하고 싶었다.

나는 객관식 질문을 별로 좋아하지 않는다. 특히 "엄마가 좋아? 아빠가 좋아?"라는 물음을 정말 싫어한다. 정확히는 내 대답에 사람들이 만족을 못 하니 싫어했다. 보통 이런 질문은 답을 정할 수 없는데, '좋다'의 정의도 모호하고 또 상황에 따라 좋고 나쁨이 다르기 때문이다. 더 구체적인 이유가 있지만 질문한 사람이 그러한 장황한 이야기를 듣고 싶은 건 아닐 것이다. 나를 단순화하여 쉽게 이해하고 싶겠지만 단순화하는 순간 나를 오해하게 되는 것이기에 차라리 침묵하는 것이 나았다.

먼저 나의 소중한 첫 친구이자 내가 하는 것을 지지하고 그림을 시작하는 데 가장 큰 영향을 준 아빠의 이야기가 필요하다. 나의 할아버지는 한 지역에 땅이 모두 자신의 땅일 정도로 부자였다. 여러 부인이 있었는데 그중 가장 마지막으로 시집을 온 부인이 나의 할머니라 했다. 여러 부인들에게는 또 각각의 아들들이 있었다. 장애를 가진 아들, 불량한 아들 그리고 나의 아빠가 있었다. 할아버지는 자신의 자식들 중 나의 아빠를 가장 아꼈다고 했다. 할아버지는 모든 잡일은 고모에게 시키고 과장하지 않고 아빠에겐 물 한 방울 묻히지 않았다고 말했다. 그런 아빠를 고모는 귀공자라고 말했다. 할아버지는 자신이 아끼는 아들에게 최대한 스트레스를 주지 않기 위해 공부에 대한 압박도 주지 않고 하고 싶은 대로 다 하게 해 주었다. 힘든 역사를 몸으로 겪은 할아버지 입장에서는 사랑하는 아들에게 해줄 수 있는 최고의 애정 표현이라고 여겼을지 모르겠다.

또 할아버지가 친아들처럼 여기며 많은 지원을 해준 나의 큰아버지가 있는데, 공부를 정말 잘해서 전국 일 등을 했다는 이야기를 들었지만 자세한 건 잘 모르겠다. 아무튼 결과적으로 판사가 된 분이다. 아빠는 큰아버지에게 열등감을 가지고 있었는데 그 열등감이 더 커지는 일이 생졌다. 할아버지가 돌아가시고 땅문서를 가지게 된 할머니가 푼돈에 땅들을 판 것이다. 아빠는 할머니가 배우지 못한 사람이라 그런 거라며 원망하고 멍청하다는 막말까지 했다고 한다. 그 와중에 다른 할머니들의 눈치와 미움을 받고 가족들의 생활을 책임져야 했다. 아빠는 대기업에 취업했지만 적응하지 못하고 일찍 일을 그만두었다. 아빠는 일을 빨리 관둔 것에 대해 자신에게 공부를 제대로 시키지 않고 아무것도 알려 주지 않은 부모의 탓이라고 이야기했다. 일찍 일을 그만둔 이력 때문에 이후 취업이 어려워 남은 돈으로 개장수일도 했지만, 그 해 개 값이 폭락해 자살을 시도했다.

아무튼 아빠는 소개를 통해 엄마와 결혼했다. 임신한 엄마에게 마사지 일을 시켰고, 자식에게는 자신이 부모에게 바란 대로 엄격히 교육했다. 자신을 너무 편하게 살게 한 것이 잘못이라 생각한 아빠는 우리들에게 꿈보다 현실적인 이야기를 많이 했다.

아빠는 우리들을 위한다면서 늘 영어 단어를 외우게 했고, 자신의 기준에 맞지 않으면 매를 들었다. 청소기, 골프채, 테이프로 감은 막대기 등 정말 다양한 것으로 맞았고 아빠는 그때마다 사랑하기 때문이라고 했다. 그리고 엄마를 때릴 때도…. 오빠와 내가 싸우거나 텔레비전을 봐도 때렸고 결국 텔레토비를 마지막으로 눈앞에서 텔레비전을 박살을 냈다. 뭐든 기준에서 벗어나면 우리들을 억압했다. 아빠는 우리가 판사인 큰아버지나 피아니스트인 큰엄마처럼 되길 바라며 우리들을 피아노 학원에 보냈고, 큰아버지와 큰엄마의 행사나 식사 자리에 우리들을 데려가곤 했다.

하지만 오빠도 나도 아빠의 기준을 채우지 못했다. 아빠는 자신의 열등감을 특히 오빠에게 풀었는데, 멍청하다 이야기하며 자존감을 깎아내렸다. 어린 아들의 장난감을 부숴 버리고 아들이 말하는 우주 비행사라는 꿈을 무시했다. 오빠와 나는 그런 아빠에 대해 각기 다른 해석을 했다. 오빠는 아빠에게 반항했고, 나의 경우 아빠가 나를 사랑하지만 내가 부족하기 때문에 아빠를 힘들게 한다고 생각했다.

그래서 아빠는 오직 딸만이 자신을 이해한다고 생각했고, 오빠의 눈에는 그런 내가 미웠을지 모르겠다. 아빠의 폭력이나 억압이 심해질수록 나를 향한 오빠의 폭력도 강도가 높아졌다. 오빠는 집에 아빠가 없으면 자신이 가장이라며 폭력을 행사했다. 나는 일주일에 몇 번 맞는지 주기를 세며, 또 닥칠 폭력에 대한 불안과 언젠가 죽을지도 모른다는 공포에 사로잡혀 있었다. 내가 오빠에게 칼을 겨눈 적도 있다. 오빠는 아빠에게 칼을 겨누었다.

문제가 생겼을 때 왜 부모님께 도움을 청하지 않았는지 물어본 사람도 있는데, 부모님께 말하면 싸웠다고 매를 맞거나 우리 때문에 힘들다는 말을 들었다. 멍이 든 채 학교를 돌아다녀도 다들 조심스럽게 침묵했다.

더 이상 이해할 수 없는 상황이 찾아오면 집에 있던 전래 동화 전집 속 이야기나 교회에서 들은 이야기를 떠올리곤 했다. 기적이 나타날 거라 기대하며 나는 곪아가고 있었다. 아마 나뿐만 아니라 가족들 모두가 그랬을 것이다.

이렇게 이야기하면 아빠가 가장 문제 같아 보인다. 하지만 아이러니하게도 아빠는 처음으로 내 꿈을 지지하고 이해하고 도와준 유일한 사람이기도 하다. 아빠는 암 말기일 때도 일을 그만두지 않고 밥을 챙겨 주었다. 오빠와 사이가 안 좋을 때도 자신은 늘 아들을 사랑한다는 이야기를 나에게 했다. 기초 생활 수급자 생활을 하면서도 내가 그림책 작가가 되려고 미술 학원에 가고 싶다 말했을 때, 아빠는 힘든 상황에서도 학원비를 지원해 주고 응원해 주었다. 나를 보며 항상 특별한 사람이라고 이야기해 주고, 내가 하는 시시콜콜한 이야기들을 전부 들어주고 재미있어하는 나의 친구이기도 했다. 하지만 나의 삶에 희망이라 생각한 아빠는 엄마와 오빠에겐 악당 같은 존재였다. 어쩌면 나에게도 영웅이며 악당이기도 했다. 아이러니의 연속이다.

아빠는 나에게 엄마나 오빠가 자신에 대해 오해하거나 거짓말한다고 이야기를 했지만, 전해 들은 말이 사실인지 그 말을 내가 제대로 기억하고 있는 건 맞는지, 완벽한 진실이 무엇인지는 알 수 없는 것들이다. 이미 알 수 없는 것의 진위를 따지며 무엇인가를 판단하는 건 나를 속이는 것이라고 느꼈다. 그리고 내 이야기가 아닌 자신들의 이야기에 나를 조연으로 끼워 넣는 건 이기적이라고 생각했다. 그래서 그냥 가족의 이야기들은 나의 이야기를 만드는 소재로 사용할 뿐, 내 삶과 혼돈하지 말자 다짐했다. 나는 주어지는 것보다 선택하는 것들이 더 소중하다. 그렇기 때문에 '김'이라는 성보다는 작가명으로 선택한 '오'에 애정이 더 크다.

사실 지금 와서야 낙천적으로 생각하지만 이렇게 마음과 몸으로 받아들이기까지는 긴 시간이 필요했다. 내 삶의 반 이상을 우울함 속에 지내며 오랫 동안 오빠를 원망했는데, 오빠는 자신의 병은 아빠가 만든 것이라며 아빠를 원망하고, 아빠는 자신을 방치한 할아버지를 원망하고, 원망은 하나의 순환처럼 이어졌다. 그 순환에서 벗어나야 했다. '주어진 내'가 아닌 '선택한 내'가 나라고 정했다. 그렇게 선택한 것들은 삶을 살아가는 방식과 그 삶을 버티게 하는 따듯한 것들이다.

아빠는 나를 정말 아끼고 의지했다. 아빠가 타지에서 요양을 하던 때에 오빠가 나를 또다시 때리려 해서 고모에게 도움을 요청하는 전화를 걸었었다. 고모가 그 소식을 아빠에게 전달했고, 충격을 받은 아빠는 병세가 더 나빠졌다는 이야기를 장례식장에서 들었다. 그리고 아빠가 나와 산책하고 싶어 주문했다는 휠체어는 아빠가 돌아가신 뒤 집으로 배달되었다. 더 이상 스스로를 원망하거나 타인을 원망하며 소중한 것을 놓치고 싶지 않다. 그렇다고 부정적인 것을 긍정하고 싶지도 않다.

누가 봐도 악의적인 범죄자가 아닌 이상 현실에서 절대적 악당이나 히어로란 망상에 지니지 않는다. 심리학 수업에서 교수님이 잠을 자는 학생을 보며 말했었다. 잠을 자든 떠들든 그것이 그들에겐 최선의 선택이라고. 악당도 최선을 선택한다. 대화의 부재로 생기는 부작용과 비난을 최선이라 합리화하고 희생이란 단어로 포장하다 보면 관계를 곪게 만든다. 나아가기 위해선 최선 너머의 것을 찾아야 한다. 적어도 내가 느끼기엔 그랬다.

다시 돌아가 "엄마가 좋아? 아빠가 좋아?"에 대한 이야기를 하자. 만약 '좋다'의 의미가 어떤 사람을 떠올릴 때 더 기분이 들뜨는지를 말한다면 당장은 엄마를 떠올릴 때다. 누가 좋은지에 대한 의미가 존재성에 대한 이야기라면 엄마와 아빠가 모두 존재해야지만 '지금 그 질문에 답을 하는 내'가 존재할 수 있기 때문에 선택은 불가하다. 나의 존재를 지우고 누가 더 좋은 사람인지 물어보면 그건 전지적 작가에 속하는 신만이 대답할 수 있는 일이다.
 사실 이런 식으로 대답하고 나면 대다수가 분노하곤 하는데, 어쩌나 그냥 내가 그런걸.

현실적 이상주의자들에 대한 인터뷰
2022년 1월 9일

어릴 때부터 모든 사람이 행복할 수 있는 일을 하고 싶었어요. 이 말을 들은 어른들과 친구들은 아직 제가 어려서 하는 말이라 이야기했습니다. 하지만 사람들의 예견과 다르게 난 어릴 때 바람을 갖고 그대로 어른이 되었어요. '더 이상 어리다고 말할 수 없는 나이가 되었으니 할 말 없겠지.'라고 생각했는데, 이젠 독특한 사람이라거나 이상주의자라는 말을 듣습니다.

대학교 때 선배가 후배를 때리는 일이 있었습니다. 선배는 관행이라며 이렇게 할 수밖에 없다고 말했습니다. 경찰이 출동할 정도로 사건이 커지고 나서야 관행은 사라졌습니다. 그 선배가 말했던 현실은 이젠 망상이 되었습니다.

사랑이나 배려, 순수 이러한 단어들은 유아적이거나 유치한 것, 미성숙한 것으로 받아들여지곤 합니다. 하지만 제가 봐 온 커다란 문제들은 사랑이나 배려의 부재에서 온 것들이었어요. 우리 집을 봐도 그랬죠. 사실 이러한 문제는 생존에도 중요한 개념이라 생각합니다.

미래학자의 강연을 본 적이 있는데 정말 무서운 이야기를 했어요. 인류의 기술 끝에 있는 특이점에 대한 이야기였습니다. 인공지능이 인공지능을 개발하고 학습하면 더 이상 인간이 생각할 수 없는 영역 밖으로 기술이 발전하고, 어렸을 때 보던 영화 〈터미네이터〉에 나오는 스카이넷이나 〈매트릭스〉의 세계처럼 인공지능이 사람을 지배할 수 있다는 이야기였죠. 그러한 문제를 막기 위해 개발에 제약을 두어야 한다는 말도 했습니다.

하지만 기업의 입장에서 프로그램을 스스로 개발하는 인공지능은 황금알을 낳는 거위일 것입니다. 기업의 생존에 있어서도 중요한 것이겠죠. 하지만 인류의 위험이 될 수도 있습니다. 결국 그것을 제지할 수 있는 개념은 자본주의의 생존이 아닌 인류의 생존과 배려의 개념에서 찾게 될 것입니다.

다행히 개인이나 단체의 생존이 아니라 인류의 생존을 위한 기술에 투자하는 사람도 있습니다. 또 돈과 상관없이 그것을 연구하는 수많은 연구자가 있습니다. 그들을 지탱하는 건 사랑이나 배려, 순수성 같은 추상적인 개념들이죠. 그런 면에서 제가 하는 일도 나름의 사명감을 가지고 있습니다. 많은 사람이 행복하길 바라고 또 살아남으면 좋겠어요. 그러기 위해선 사랑이 필요하고 순수한 사람들이

많이 필요하다 생각합니다. 제가 하는 일들이 그런 일이길
바라고 있습니다.

서로 다른 사람들

2022년 1월 18일

나무를 치료하는 사람과 숲을 지키는 사람. 그 둘은 비슷하면서 다르다. 나무를 치료하는 사람은 애정을 가지고 한 그루만 지킨다면, 숲을 지키는 사람은 숲을 지키기 위해 전염병을 가진 다른 나무를 베어버린다.

둘 다 나무를 사랑하는 마음을 갖고 있지만, 서로의 모습이 이기적으로 보인다.

'왜 이렇게 매정할까?'

'왜 당장만 생각하는 거지?'

서로가 당장은 이해할 수 없을지라도 결국 모두 필요하다. 한 그루에 애정을 가진 이들의 지식은 미래에 병들지도 모를 나무를 지키고, 숲을 지키는 이들은 당장의 위험을 피해 계속 생존하도록 한다. 그리고 서로에게서 영감을 받아 모두의 숲을 지킨다.

난 숲을 지키는 사람에 가까웠다. 그러다 나무를 지키는 사람을 만났다. 생각과 행동을 모두 이해할 수 없었지만 그 이해할 수 없는 행동에서 나오는 결과물들에 애정을 느꼈다. 그 결과 병든 나무를 버리는 것이 아닌 잠시 기다리는 법을 배웠다. 그만큼 그리운 것들이 늘었고 더 많은 걸 꿈꾸게 되었다.

무관심한 이들이 무심하길 바라기 때문에 외계인이고 싶다

2022년 1월 21일

모두가 비슷할 거란 생각이 나를 힘들게 할 때가 많았다. 보통만큼은 하는데 그 보통이 못될 경우 노력을 하지 않아서라는 말을 들었다. 또는 관심을 주지 않아서라는 말을 들었다. 오래된 친구의 이름도 계속 잊어버린다. 뇌과학 교수님과 심리학과 교수님께 증상을 물어보니 트라우마로 인한 기억상실이거나 주의력결핍 과잉행동장애일지 모른다는 말을 듣고 오히려 안심했다.

가끔씩 친구는 나를 보며 외계인이 아닌지 물어본다. 친구의 말처럼 내가 진짜 외계인이면 좋겠다고 생각했다. 외계인이라면 사람들이 너그러울 것만 같다. 애매한 이방인도 싫다. 일본에 놀러 가면 보통 나를 일본인이라 생각하는데, 가게 점원의 말을 잘 알아듣지 못하거나 어눌한 일본어로 대답하면 내가 외국인이라 생각하지 않고 '저 사람, 왜 저러지?'라는 표정으로 나를 본다. 차라리 내가 외계인이라면, 내가 호의적인지 적대적인지만 중요하지 않을까. 그 외 무엇을 좋아하든 어떤 표현을 하든 외계인은 그럴 수 있다며 무심히 지나칠 것 같다.

만약 모두가 외계인이라면 어떨까? 엄마도 외계인, 아빠도 다른 곳의 외계인, 나는 또 다른 곳에서 입양한 외계인이라면 서로가 이해 못 할 행동을 할 경우 그 세계에서 그 표현이 무엇을 의미하는지 열심히 연구할 것이다. 혹시 실수할까 봐 그들의 문화를 배울 것이다. 무슨 옷을 입어도 신기하게 바라보고, 정말 알 수 없는 선물을 건네줘도 어찌 되었든 호의를 표현한 것으로 감격스러울 것이다. 또 그 선물이 그 별에서 어떤 상징을 가지고 있는지를 찾는 건 꽃말을 찾듯 로맨틱한 일처럼 느껴질 것이다. 만들어 준 음식이 맛이 없어도 신비로운 맛이라 평가하고, 만들어 준 행위 자체에 감사할 것이다. 무례한 부탁을 하면 우리 별에선 하면 안 되는 행동이라며 쉽게 거절도 가능할 것이다. 거절당한 사람이 악의가 없다면 거절을 쉽게 납득할 것이다. 타인에게 무관심한 이들은 눈치 보지 않고 무관심한 삶을 유지할 것이다.

보편적이지 못한 것에 거부감을 느끼는 것 자체는 본능일지 모른다. 인류가 지금까지 생존할 수 있었던 이유가 다른 이들에 대한 거부감이라 말하는 사람도 있다. 다만 안정이 찾아오면 사람들은 왜 살아야 하는지 정체성 고민을 하게 될 것이고, 수 세기가 지나면 모두 정체성을 고민하느라 거부감은 불필요한 세상이 될 수도 있다. 어쩌면 미래엔 정말 외계 생명체와 교류하며 보편적이지 못한 것에 익숙함을 느끼는 것이 생존을 위한 일이 될 수 있다. 너무 아득한 미래라 그전에는 내 수명이 다할 것이다.

_ 2023년 5월 28일

작년 바캉스 프로젝트 모임에서 독립 출판물 《외계인과 나무꾼》을 만들었다. 내용은 선녀가 외계에서 온 우주인이라는 설정이다.

처음은 원작 그대로 나무꾼이 선녀를 납치한다. 그 이후 나무꾼이 선녀를 납치했다는 걸 선녀 우주인들이 알게 되어 복수로 지구를 폭파한다는 이야기이다. 인간의 입장에선 무고한 사람까지 벌을 주는 건 너무 과하지 않나 생각할 수 있지만 외계인은 다르다. 만약 사람이 우주여행을 할 수 있게 되었다 생각해 보자. 그러다 어느 행성에서 사람이 납치되어 몇 년을 감금당했다면 지구에서 그를 사랑했던 이들이 꽤나 분노했을 것이다. 언제든 또 그런 일이 벌어질 수 있다고 생각해 싹을 자르려 하지 않을까? 어쩌면 인간이라면 무작정 행성을 파괴하지 않을 수도 있겠지만 상대가 외계인이라면 그럴 수 있다는 생각으로 이야기를 만들었다.

어쩌면 나무꾼이 자신의 생각과 방식으로 일방적인 소통을 하지 않았다면 지구는 무사했을지 모른다. 선녀 외계인이 레이저 총을 꺼내 자신을 죽일지 모른다 생각했다면 훔칠 생각도 하지 못했을 것이다. 단순한 태도지만 생각해 보면 여러 크나큰 전쟁들은 생각과 태도에서부터 시작되었다. 허무맹랑한 이야기라는 건 알고 있다. 그래도 조심해서 나쁠 건 없다.

이명과 주파수

2022년 1월 22일

귀에서 '삐익' 하며 소리가 났을 때 이명이라는 것을 처음 겪었다. 아빠가 돌아가신 후 일 년 뒤쯤, 그러니까 고2 때 귀에 물이 들어간 것처럼 이물감이 느껴지고 망가진 스피커에서 나는 소리가 들렸다. 귀에서 물을 빼기 위해 머리를 한쪽으로 기울여 뛰거나 머리를 두드려도 보았지만 그대로다. 나 홀로 물에 잠겨 있었다. 그 후로 다양한 잡음이 들려왔다. 욕실에 물을 가득 채우고 잠수하면 소음에서 벗어날 수 있을 거라 기대했지만 오히려 물 밖에서 들리지 않았던 누군가의 속삭임이 들렸다. 그 소리에 내가 미쳐가고 있는 걸까, 미쳐가는 과정이 이러한 걸까 생각했다.

그러다 이대로 살아가면 진짜 미쳐버릴 것 같아서 병원을 찾아갔다. 의사는 이것도 이명의 일종이라 말했다. 요즘에는 어떨지 모르겠지만 그 의사는 이명에 딱히 처방할 수 있는 약이 없다며 영양제와 안정제를 처방했다. 의사는 이명에 대해 이렇게 설명했다.

"존재하지 않는 것을 듣는다기보단 뇌에서 주파수를 잘못 잡아 듣지 않아도 될 것들을 듣는 거예요." 미쳤다는 말보다 고장 났다는 말이 나를 안심시켰다. 생각해 보면 치료가 가능하다는 희망적인 이야기도 아니었는데 이상하게 그 말에 위로를 받았다.

고3 기말고사가 가까웠을 때 엄마는 나에게 밤을 따러 가자 했다. "곧 기말인데요?"라고 묻자, '그게 왜?'라는 표정으로 나를 바라보았다. 나는 교실을 떠나 차를 타고 밤나무가 있는 숲으로 갔다. 바람에 흔들리는 마른 나뭇잎 소리가 좋았다.

이후 이명은 점점 사라졌다. 지금 생각해 보면 나는 고장 난 것이 아니라 머물고 싶은 곳을 찾아 주파수를 돌리던 중인 게 아닌가 싶다.

데이비드 호크니의 붓털

2022년 1월 23일

그림을 그리면 완벽을 만들어 내기 위해 분투한다. 완벽한 구도, 완벽한 색감, 완벽히 깨끗한 캔버스, 완벽한 터치, 완벽한 형태. 그렇게 작업에 빠지다 보면 문득 무엇이 완벽하다는 거지 싶다. 그래서 사람들이 말하는 완벽함을 참고한다. 특히 학교에서는 흠 없는 작업, 장학금을 받기 위한 작업이란 교수님이 납득할 수 있는 작업을 만들어야 한다는 것이기도 했다. 교수님은 깔끔한 것을 좋아하는 분이셨는데 너저분한 나의 작업을 보고는 거부감을 표현하신 적이 있다. 이러다 장학금을 못 받겠다 싶어 교수님이 말하는 완벽한 조건을 따라 나의 흠들을 다듬었다.

그림책을 배우기 위해서 힐스라는 곳에 들어갔을 때는 여러 명의 선생님들이 계셨고, 나는 각자가 말하는 완벽함에 혼란을 겪으며 모두가 만족할 그림이란 무엇일지 생각했다. 하지만 그런 건 없었다. 대신 반항을 한다는 말을 들었다. 그림이 밉고 지겨워져서 때려치우고 싶다는 생각이 가득했다. 아무리 해도 완벽할 수 없다는 생각에 작가는 내 길이 아닌가 싶었다.

그러다 데이비드 호크니의 전시를 보러 갔다. 그곳에서 평소 볼 수 없었던 큰 스케일의 그림들을 볼 수 있었다. 그림 앞에 라인이 있어서 거리를 두고 봐야 하는 작업도 있고 라인이 없는 작업도 있었다. 라인이 있는 곳에선 발은 선 밖으로 두고 고개는 앞으로 쭉 빼서 최대한 작업과의 거리를 줄였다. 그렇게 가까이 다가가 보니 도록에서 발견할 수 없던 것을 발견했다.

붓털이다. 생각보다 그림에는 수많은 붓털이 붙어 있었다. 대학교 교수님께서는 그림에 붓털이 남아 있는 것을 좋아하지 않았는데, 그 그림에는 솜털처럼 무수하게 붓털이 박혀 있었다. 마치 미지를 개척한 기분이 들었다. 그리고 그렇게 남겨 둔 붓털들이 좋았다. 붓의 결을 느낄 수 있었고 보이는 이미지가 아닌 모든 흔적을 보여주고 싶은 마음이 느껴졌다. 완벽하지 않은 것이 완벽함으로 기록되어 있었다. 붓털을 발견한 후로 타인의 시선에 완벽한 그림을 그려야겠다는 생각을 버렸다. 애초에 완벽함이란 어떠한 법칙성을 가진 것이 아니었다. 여전히 황금 비례에 맞춰 많은 창작물이 나오고 있지만 그것이 완벽함이 아닌 익숙함을 의미하는 것이 아닌가 하는 생각이 들었다. 아무튼 익숙함에서 벗어나 거슬리는 붓털을 발견하고는 되레 편안함을 느꼈다. 그래서 데이비드 호크니의 작품 중 붓털이 가장 좋다.

    돌아와 내가 남기고 싶은 모든 흔적을 캔버스에 담았다. 그리고 타인이 아닌 내가 생각하는 완벽함을 구체화하려고 노력했다. 누군가는 과하다고 말하고 누군가는 좋다는 말을 했다. 사실 아직까지도 내가 생각하는 완벽함이란 무엇인지 모른 채 타인의 완벽함을 흉내 내기도 한다. 어찌 되었든 방황하는 그 과정들이 내가 하고 싶은 완벽이란 생각을 했다. 완벽한 붓털이다.

조각조각

2022년 1월 25일

이러다 멘탈이 조각나는 게 아닐까 싶지만 그만큼 자유로울 수 있다는 의미기도 하겠지. 깨지고 굴러 나를 덜어 내자. 치인 만큼 흩어지고 가볍게 흩날리면 어디에든 닿을 수 있겠지.

동물원

2022년 2월 4일

호기심과 관찰을 애정 표현 중 하나라고 생각했다. 바라보고 그리워하는 건 사랑이라 믿었다. 마주칠 수 없는 관계에 울타리를 쳐서 관계를 지속하는 것이 나의 마음을 전하는 일이라 생각했다. 울타리가 있어 두려움조차 애정이라 믿을 수 있다. 울타리가 있어 비로소 내 마음을 전할 수 있다 생각했다. 울타리가 있어 서로 적의가 없다는 것을 안다. 하지만 결코 울타리를 넘지 않는다.

울타리 너머로 먹이를 던진다. 그들은 자신이 좋아하는 음식을 던진다. 자신이 누리는 행복을 타인에게 건네주는 것이 그들에겐 사랑이다. 다음 날 그 음식을 받아먹은 누군가는 배탈이 났을지 모른다. 몇 년이 지나 울타리 너머 새로운 누군가를 보며 그리웠다 말한다. 그들은 또다시 울타리 너머로 추억을 던진다. 그리고 또 떠난다.

나는 울타리 안의 사랑이 진실하다 믿었다. 종에 대한 정보를 얻고 사육을 배운다. 그럼에도 울타리 너머로 느껴지는 원망의 눈초리는 무지 때문이라 생각하며 자신의 행위를 희생이라 믿는다. 그들의 정형 행동을 그들의 개성으로 이해했다.

  난 관계를 제대로 이룬 적이 없었다. 단지 일방적인 관계와 애정을 필요로 하는 폭력적인 이들과 다르지 않았다. 어쩌면 울타리에 가둬진 건 그들이 아닌 나여서 유리 벽 너머 지나치는 이들과의 관계를 붙잡아 왔는지 모르겠다. 어쩌면 서로가 서로에게 가둬진 것일 수도.

아이들의 세계

2022년 2월 11일

어렸을 때 난 아빠에게 대통령은 똥을 싸지 않는다고 말했다. 아빠는 왜 그렇게 생각하는지 물어봤고, 텔레비전을 보면서 대통령이 화장실에 가는 걸 보지 못 한 게 이유라 말했다. 아이들이 딱 그렇게 사고하는 시기가 있다. 아니라고 설명해 줘도 본인의 경험과 지식 외에 정보를 받아들이지 못한다.

아빠 친구 중엔 키가 작아 콤플렉스인 분이 있었는데, 내가 키가 엄청 크다며 놀라워해서 그분이 기뻐했던 적이 있다. 나는 왜 더 키가 큰 어른보다 그분을 보고 더 놀라워했을까?

보통 유아기에 사람을 그리면 머리를 몸보다 크게 그린다. 아이들은 어른과 동일한 눈높이에서 마주 보는 게 아니라 어른을 아래에서 위로 바라보거나 아주 가까이서 마주 본다. 그래서 어른의 전신을 눈에 담기 위해선 멀리서 바라봐야 하는데 그만큼 크기가 작아진다. 반면 그분은 다른 어른들보다 가까이에 있어도 전신을 볼 수 있었고, 나와 비교하면 키가 매우 크기에 나에겐 그분이 더 거대하게 보였을 것이다.

때문에 어른이 아무리 순수하다고 해도 어른들이 보는 시선과 아이들의 시선에는 차이가 존재한다. 어리숙하거나 어려서가 아니라 그들만의 세계가 분명 존재할 뿐이다. 그러므로 서로를 완전히 이해하지 못하는 건 자연스러운 일이다.

부모에 입장에선 대통령은 똥을 싸지 않는다 말하고 높이를 구분할 줄 모르는 아이가 걱정될 수 있다. 아이가 미성숙하다는 생각에 단순한 주입식 교육을 통해 바꾸려 한다면 아이는 스스로 인지 변화를 감각하지 못한 채 자랄 위험이 있다. 때문에 시기에 맞는 경험과 스스로 사고하는 것이 중요하다. 조급하게 완성을 바라면 아이들은 성장을 멈추고 그대로 몸만 큰 어른이 되기도 한다. 그래서인지 어른들이 아이들의 속마음을 읽어 주고 육아에 도움을 주는 프로를 보며 위로받는다고 한다. 요즘 그림책에 관심을 가지는 어른들이 많아지는 것도 그런 이유 때문은 아닌지 생각한다.

이전에 한 학부모님께서 그림책의 대상이 어른들까지 확대되는 것에 부정적이라는 이야기를 하셨다. 하지만 어른들이 경험해야 할 일들을 일찍 경험한 아이들과 아이인 채 어른이 된 사람들이 있다는 점에서 그런 이들을 위한 책이 있으면 좋겠다.

환상의 이야기

2022년 2월 23일

돈이 필요한 이유도 있지만 삶의 반전을 찾기 위해 대학 대신 환상의 나라라 불리는 놀이공원에서 일하는 길을 선택했다. 어릴 때부터 그곳의 퍼레이드를 구경하거나 불꽃놀이 관람하는 걸 좋아했는데, 매일 볼 수 있다는 것만으로 충분히 환상적이라 생각했다.

그러나 막상 일을 시작하니 퍼레이드가 끝나고 난 뒤 연기자들이 직원들 전용 공간으로 들어와 지쳐서 멍때리는 모습을 보게 되었다. 또 불꽃놀이가 시작되면 낙진이 떨어져 퇴근을 할 수 없기에 불꽃놀이가 시작되기 전 재빠르게 뛰어가거나 몰래 퇴근하기도 했는데, 직원들이 낙진을 맞아 화상을 입는 경우도 있었다. 유니폼이 웃기다는 이유로 하루 만에 퇴사한 신입, 가끔씩 행사장에서 탈출하는 독수리, 비가 오는데 직원들이 너무 행복하게 웃는 것이 마음에 안 든다는 손님의 항의, 아기 맹수들과 나란히 가는 출근길. 오리인 내가 백조가 된 건 아니지만 예상치 못했던 다양한 감정과 감각을 느끼고 흥미로운 광경들을 볼 수 있었다. 어느 날은 친구에게 북극곰이 홀로 백덤블링하는 모습을 보았다는 편지를 쓸 수 있다는 것에 행복했다.

내가 좋아하는 동화 속에선 부정을 성장의 과정으로 표현했다. 덕분에 불행한 상황이 찾아와도 그 상황에 머무르기보다 과정으로써 다음 이야기를 상상하게 했다. 하지만 현실은 쫓기듯 다음으로 계속 걸어가다 지쳐 버렸다. 구원자가 나타나거나 요술을 부리거나 오리가 백조로 변하는 기적은 없었다. 꿈을 꾸던 열 살의 오리는 십 년이 지나 스무 살의 오리로 자랐다. 갓 스무 살이 되어 성인이 되었지만 여전히 이야기 도입부에 머물며 환상을 찾아 헤맸다.

사실 백조가 된 오리로 인해 상대적 박탈감을 느끼는 다른 오리를 보며 성취감을 느끼게 하는 이야기 구조 자체가 이상하다. 목표를 달성했다 해도 매번 그런 성취감으로 살아갈 수도 없고 내가 바라던 행복도 아니기 때문이다. 어른이 된 지금 생각해 보면 내가 어릴 때 읽은 대부분의 환상은 '만약에 내가 이랬다면 지금보다 얼마나 행복할까?'라는 피상적이고도 관념적인 바람이었다. 이상을 꿈꾸는 어른들의 애매한 환상이다. 심지어 물거품이 되어 버리는 인어공주의 원작을 파괴하면서까지 행복을 꿈꾼다. 모순되게도 아이들은 어른들의 꿈을 경험하고 어른들이 말하는 현실과 마주한다.

"꿈이 직업이 되면 고단한 게 현실이야. 어리기 때문에 아직 모르는 거지."

'현실의 이야기', '어른이 되어서만 알 수 있는 이야기'라는 건 아이들을 현혹하기 좋은 말이다. 빨리 어른이 되고 싶은 아이였던 나는 어른들이 말하는 현실을 받아들이는 게 성숙해지는 과정이라 믿었다. 하지만 그 어른들이 말하는 대부분 현실은 미래의 가능성을 배제한 어떠한 과거의 순간을 이야기한다. 지나간 시간 속에서 살아간다는 것 자체가 공상에 가까울지 모르겠다. 꿈과 환상을 가지는 일은 이상적인 나를 꿈꾸게 하는 것 말고도 지금을 사랑하는 것을 포함한다.

꿈을 직업으로 가지면 좋아하는 대상으로부터 고단함을 겪기도 하지만 그 자체로 꽤나 의미 있다. 내가 처음에 동화 작가가 되어야겠다 마음먹은 이유기도 하다. 그림책은 계절에 따라 한 그루가 변하는 모습, 아이가 심부름을 해내는 이야기, 죽음을 마주하는 과정, 이미지 자체의 아름다움, 책이 주는 건축적인 아름다움, 종이의 소리, 촉감 등 다양한 환상과 방식으로 우리들을 위로한다. 오리가 백조가 되는 것 말고도 물 위를 즐겁게 유영하는 것, 친구를 만나는 것, 낮잠을 자고 햇빛을 즐기는 것, 음식을 만드는 것, 다양한 맛을 느끼는 것처럼 동심뿐 아니라 삶과 맞닿아 있다는 점이 좋다.

처음에 내가 좋아한 이유와는 다르지만 어찌 되었든 그림책은 내일의 희망을 품게 하고, 오늘을 위로한다. 그 자체로 환상적이다.

비극

2022년 2월 24일

처음 쓴 동화는 〈벤〉이다. 고등학교 때 쓴 글인데, 당시 열심히 듣던 마이클 잭슨의 〈Ben〉이라는 곡을 듣고 만들었다. 줄거리는 사회로부터 보호를 받지 못하는 취약층 소녀와 쥐들 사이에서조차 무시당하는 쥐 '벤'의 이야기다.

둘은 친구가 되지만 서로에게 아무런 도움을 줄 수 없었다. 소녀는 다른 아이들에게 생쥐를 안고 다니는 이상한 아이 취급을 받는다. 벤은 소녀를 위해 이별을 선택한다. 하지만 소녀는 추위 속에 죽음이 가까워지자 마지막으로 벤과 함께하고, 서로를 위로하며 죽음을 맞이하는 어찌 보면 진부한 이야기다.

꿈도 희망도 없는 이야기지만 당시엔 서로 마음을 이해하는 관계를 만났다는 것만으로 충분히 해피엔딩이라는 생각을 했다. 사실 당시에는 희망적인 이야기보다 슬픈 이야기나 슬픈 음악에 공감하고 위로를 받았다. 아무튼 나의 동화는 흔하디흔한 안데르센 스타일에, 불필요하게 극적이며 자기 연민이 가득했고, 그다지 치밀하지 않은 짜임새를 가지고 있다.

    그래도 다시 읽어 보면 비극이 주는 위로를 생각하게 한다. 힘든 사람에게 현재를 반전시킬 미래가 있다는 말은 버겁게 들리겠지만, 언젠가 자신을 이해해주거나 그럼에도 행복을 주는 이야기가 필요한 순간이 있을 거라 생각한다.

간극에 대하여

2022년 2월 25일

각자의 이야기마다 간극이 있다. 간극은 재미있는 요소다. 사과가 추락하는 것에서 중력을 상상하듯 간극을 통해 생각지도 못한 영감을 얻거나, 상대가 귀찮아하는 것도 모르고 자신을 좋아한다고 착각했던 게 정말 가까워지게 하는 계기가 되기도 한다. 그렇다고 간극이 모두 긍정적인 건 아니다. 악의적인 마음을 품은 사람을 선한 사람이라고 상상하면 이야기는 공포가 된다.

일상도 간극의 연속이다. 마감이 8시인 가게에 7시 50분에 도착했지만 아르바이트생이 커피를 만들어 주지 않을 때 손님의 분노와 8시까지만 임금을 받는 아르바이트생의 정시 퇴근을 위한 분투 그리고 똑 부러지는 아르바이트생과 최대 이윤을 원하는 사장. 이러한 간극이 존재한다는 것을 모르고 단편적인 이야기를 타인에게 전달하면 그에 따른 간극이 또다시 생겨난다.

나름 간극을 좁히기 위해 '모두 그렇게 생각해.', '그래야만 해.'와 같은 정의를 내리기보다 '난 이런 걸 봤어.', '그렇게 생각했어.'라고 전달하지만 완벽하게 간격이 좁혀지는 건 아니다. 또 다른 방법은 삼자대면하듯 여러 관점의 이야기를 읽는 것이다. 그리고 어떻게 조정할지 고민한다. 하지만 새로운 사건들이 생겨나고 특정할 수 없는 미래를 사는 동안 간극이란 사라질 수 없다. 때문에 간극이 존재한다는 걸 인지하고 고민하며 겸손함을 갖는 게 필요하다.

내 이야기는 하나의 극이다. 손님 입장에서 아르바이트생을 이야기하듯, 작가가 상상한 하나의 세계에서 작가가 상상한 타인이 이야기 속 타인을 이해하는 간극의 단편인 셈이다. 그러므로 이야기를 통해 타인을 정의하는 행위는 간극에 간극을 만들어 내는 가상의 일이다. 그래서 내 이야기 속에서는 악당과 영웅을 구분하기보다는 독자 자신이 긍정적인 방향을 찾아 영감을 얻길 바란다.

마지막으로 아르바이트생, 손님, 사장님 간의 간극에 대한 결말을 말하자면 요즘은 손님에게 마지막 주문 시간을 고지한다. 그래도 간극은 또 나오겠지만 어쨌든 나아가고 있다고 생각한다.

유쾌한 노동에 대하여: 이그 노벨상
2022년 2월 25일

이상하게도 나를 성실하다고 평가하는 사람들이 있다. 나는 실제로는 한량에 가깝다. 돈이 없을 때는 어쩔 수 없이 일을 해도 그것이 대다수의 사람들에게 당연한 삶이니 이곳저곳에서 일을 한 게 대단하다 생각하지 않는다.

취미도 그다지 생산적인 게 없다. 귀여운 것을 좋아하여 귀여운 그림책이나 장난감을 모으고, 거리를 산책하며 쓰레기가 쌓인 곳을 유심히 보며 쓸만한 것이 있을지 살핀다. 그러다 멀쩡한 스탠드를 발견하고는 부모님께 자랑한다. 때론 부모님을 따라 경매장에도 간다. 평균 연령이 육십 세인 그 곳에서 오래된 물건들을 구경하거나 사기도 한다. 그곳에서 백 년은 지난 책꽂이를 사거나, 곰 모양 나무 조각, 하자가 있는 빈 백을 만 원에 사기도 하고, 유통기한이 임박한 음식 또는 그림을 사기도 했다. 경매사는 늘 만 원, 이만 원에 낙찰되는 그림들을 보며 본인의 자식이 그림을 그리겠다고 하면 뜯어말리겠다는 말을 한다. 그러면 난 실없는 농담에 웃다가 경매가 끝나면 밥을 먹고 돌아온다. 때로는 여행을 좋아하는 부모님을 따라다니고, 집에서 가상현실(VR) 게임을 하며 홀로 방 안에서 허우적거린다.

이토록 비생산적인 한량이지만 그럼에도 뻔뻔하다. 귀여운 것을 모으는 건 캐릭터 연구라 여기고, 쓰레기를 뒤지는 건 환경을 위한 실천 운동, 경매장은 배경 소품에 대한 자료 조사, 여행은 다양한 풍경을 담기 위한 연구, 가상현실(VR)은 미래의 변화를 감지하여 앞으로 필요한 이야기들을 경험하기 위한 과정이라 여겼다. 여기저기 나의 직업과 관련 없는 일을 해 온 것도 다양한 사람들을 만나 캐릭터의 입체성과 소재를 얻는 과정이라 여기며 그곳에서 이야기를 찾는 과정을 숭고한 일이라 여겼다. 다 적지 못했지만 영화를 보고 음식을 즐기는 것도 그렇다. 아무것도 하지 않은 채 멍때리는 것조차 명상이라 생각했다. 슬픔에 빠지면 그 슬픔에 대한 고찰이나 감상평을 남기는 것도 잊지 않았다.

처음엔 아무것도 안 했다는 죄책감을 덜기 위해 또는 부모님의 걱정을 덜기 위해 뭐라도 하는 척하는 그 하루의 감상 일기였지만, 어느새 연구 일지를 쓰듯 나조차 나에게 속고 있었다. 어찌 되었든 꽤나 성공적이다. 실제로 내가 만드는 이야기에 활용되었으니 말이다.

내가 하는 일들은 논문을 쓰는 과정과 비슷하다. 세상

에는 황당한 논문들이 많다. 심지어 황당한 연구를 한 이들에게 주는 '이그 노벨상(Ig Nobel Prize)'도 있다. 이러한 연구가 재능 낭비 같아도 대중의 관심을 얻기도 하고, 다른 연구에 영감을 주고 실제 자료로 쓰이기도 한다. 그리고 무엇보다 경직된 것에서 벗어나 즐겁게 연구하는 것 자체가 유쾌하다.

절망하는 것보다
꿈을 꾸는 편이 좋다

2022년 4월 22일

 마지막 결말이 추락이라 해도 혹시나 하는 여지를 남긴 채 내가 쓰지 못한 결말을 다른 사람들이 이어 나갈 수 있도록 하는 게 좋다.
 서핑을 하며 파도의 흐름을 타는 사람, 심연으로 뛰어들어가는 프리 다이버, 생계를 위해 바다로 뛰어드는 해녀나 어부, 이들을 관찰하며 영상을 찍는 사람들, 그런 사람들을 상상하며 글을 쓰는 나까지.
 내가 갑자기 다른 일을 한다 해도 나는 나로 밖에 살지 못할 것이다. 그러니 상대적인 절망에 대한 건 내 상상에 불과하다. 그러니 사람들과 연결될 수 있도록 꿈을 지속할 수 있는 일을 하고 싶다.

타인의 알고리즘이 필요하다

2022년 6월 30일

지구가 평평하다 믿는 사람들이 신기해서 그들이 주장하는 영상을 찾다 보니 한때 내 영상의 알고리즘은 지구가 평평하다는 것으로 가득 찼다.

우스꽝스럽다고 말하기에는 모두 진지하다. 사람들은 각자의 알고리즘에서 벗어나지 못하고 자신이 보는 세상을 전부라 쉽게 믿어 버린다. 거짓이라는 말도 쉽게 믿어 버린다. 그건 위로하는 말이니까.

우리는 우리를 위로하는 이들을 좋아한다. 어느 날부터 내 알고리즘은 망가져 버렸다. 피상적이고 자극적인 것들로 가득 채워졌다. 나는 그것이 나의 전부라 착각하며 좌절한다. 나에겐 타인의 알고리즘이 필요하다. 지금은 위로 대신 타인을 만나고 싶다.

손의 모습

2022년 8월 7일

뇌는 효율적이고 편하게 이해하려고 실제를 왜곡시키기도 한다. 그것은 시각적인 것뿐 아니라 사고적인 부분에도 영향을 준다.

그림을 배우는 초창기에는 손을 정말 많이 그리는데, 손을 잘못 그렸다고 지적받는 아이가 있었다. 그러다 알게 된 건 그 아이는 자신의 손을 그대로 그렸을 뿐이고 단지 일반적인 손의 이미지와 달랐을 뿐이다. 입시 선생님은 그 아이를 보며 말했다. 그림을 심사하는 이들은 네 손을 모르니 네가 잘못 그렸다고 생각할 거라고. 그러니 손의 정의된 모습을 외우라고 말했다. 우리는 그런 식으로 자신을 점점 잃어가는 건가 했다.

조망권

2022년 11월 29일

서울의 원룸 빌딩에 둘러싸인 옥탑방에 살다가 어느 순간부터 숨이 잘 쉬어지지 않고, 건물이 무너지거나 폭탄이 떨어질 거란 공포에 심장이 빠르게 뛰어 침대에서 일어나는 것을 반복했다. 금전적인 여유가 있다면 경치 좋고 여유 있는 곳에서 살았겠지만 그럴 여력이 없었다. 그래서 도망치듯 서울을 떠나 고향에 강이 보이는 오래된 아파트로 이사를 했다. 이곳에 온 뒤 공황 증상은 많이 사라졌다.

고향으로 돌아온 뒤 홀로 어느 축제의 불꽃 공연을 구경 갔다. 사람들은 조금이라도 불꽃의 완벽한 모습을 포착하기 위해 앞다투어 서 있었다. 몇몇 이들은 이미 앞자리를 선점했지만, 뒤늦게 공연이 있다는 소식을 들은 이들은 빈틈을 비집고 들어가거나 까치발로 바라보았다. 누군가는 자신을 희생하여 아이를 어깨에 태우고, 뒤에 서 있던 사람들은 불평했다. 자신은 뒤에 있을 테니 사람들 사이를 비집고 앞으로 가라고 떠미는 부모도 있었고 관계자라며 새치기하는 이들도 있었다. 공연 5분 전, 직원이 나서서 앞사람들은 앉아서 보라고 이야기했다. 자리에 앉자 난간에 시야가 가려 온전히 그 풍경을 보기 어려웠다. 공연이 시작되자, 자신의 권리를 주장하듯 앞쪽에 앉아 있던 누군가가 일어섰다. 거대한 카메라를 무기로 공연 관계자마냥 난간을 넘어 앞으로 나가 촬영했다.

서로의 조망권을 위해 다들 열심이다. 최소한의 통제가 있어 다행이라 생각했지만 누군가는 최소한의 통제조차 권리의 침해라고 말한다. 어느새 사람들은 주변을 압박하며 서서히 앞으로 간다. 그나마 공연 시간이 길지 않아 다행이라 생각했다. 만약 더 길어졌다면 생각만으로도 끔찍하다.

건물이 높아지는 만큼 그늘이 많아졌다.

아이디를 해킹당하다

2023년 4월 1일

일기를 적는 블로그 아이디를 두 번이나 해킹당했다. 이번엔 아이디를 다시 찾을 수 없었다. 기분이 이상하다. 생각보다 침울하지도 않고 그냥 뭔가 멍하다. 오늘도 일기를 써야지 생각하며 글을 쓰려 하니 그제야 뭔가 허전함이 느껴진다.

한편으로는 후련하다는 생각도 들었다. 글은 스스로를 세뇌하기도 한다. 내가 나의 기억을 외우면서 내 몸에 각인한다. 때문에 잊는 것도 필요하다. 만약 잃어버린 내용 중 정말 나에게 필요하거나 해소해야 하는 것들이 있었다면 자연스럽게 튀어나오겠지. 그동안 너무 많은 걸 의식적으로 기억하다 보니 피로감도 있었다. 그런 점에서 후련했다. 다시 시작해야지.

에필로그
_ *나의 장례식장*

2013년 7월 6일

걱정 마요.

나는 가난하지 않고 다행히 기억은 시간 앞에 무기력하더군요.

당신이 맞아요. 단지 내가 그곳에 없을 뿐이죠. 나는 나의 형체를 얻기 위해 그곳으로 떠납니다.

_ 2023년 6월 29일

그동안에 쓴 일기들은 나에게 어떤 의미가 있을까? 일기를 다시 읽어보니 내가 많은 것들을 잊고 산다는 걸 알게 되었다. 그리고 처음 떠올린 생각이라 여겼지만 이미 오래전에 했던 말이란 걸 알게 될 때도 있다. 나는 죽고 싶다 말하면서도 살고 싶다고 말한다. 나는 여전히 그 충동들을 느낀다. 이러한 변덕에도 하나의 시간 속에 서술하는 내가 아닌, 여러 시간 속 다양한 순간과 감정들을 가진 나와 마주하며 정말로 내가 말하고 싶은 말을 읽는다.

난 죽고 싶은 게 아니다. 이러한 단서들을 가

지고 가야 할 장소를 향해 조금씩 나아간다.

 나는 나에게 잊히는 것이 싫어서 일기를 썼다. 때문에 많은 것들을 떠올리며 기록해 왔지만, 이제는 떠올리는 것보다 마주한 것들로 채우고 싶다. 사람들에게 기억되기보단 사람들과 마주하고 싶다.

아가미와 지느러미를
만들어 준 이들에게

2023년

먼저 저를 발견해 주시고 에세이를 제안해 주신 출판사 편집장님과 책을 다듬어 주신 편집자님, 디자이너님께 감사 인사를 하고 싶어요. 마치 혼자선 엄두가 나지 않는 어지러운 집을 함께 대청소한 듯합니다. 덕분에 마음이 편안해질 수 있었어요.

저에게는 감사한 분들이 많습니다. 일기를 제안하시고 따로 불러 구구단을 외울 수 있게 도와주신 중학교 2학년 류재경 선생님, 꿈을 가지게 하고 1+1은 1이라 말해 준 중학교 친구, 초등학교 3학년 때 친구가 되어주고 자신감을 심어 준 유진, 돈이 없어 미술 학원을 관두려고 할 때 아르바이트하며 번 돈을 빌려주겠다고 말해 주고 신기한 간식을 사주던 천 씨, 사정을 봐주셨던 미술학원 원장님과 선생님, 학교 양호실에서 잘 수 있게 도와준 경비원님, 가족들을 도와주신 큰아버지, 아빠를 챙겨 주시고 나를 위해 기도해 주시던 고모, 늘 가까이서 응원해 주고 용기를 주는 멋진 은새와 은새 동생들, 놀이공원에서 일할 때 아이스크림을 사 주신 손님, 놀이공원에서 만나 함께 공장으로 일하러 간 은경 언니, 공장에서 함께 방을 쓰고 그림책 작가가 되는 걸 응원해 준 탑동 팀장님, 공장 야간 근무 때마다 간식을 만들어 격려해 주시던 아주머님들, 골프장에서 꿈을 응원해 준 손님들과 캐디 동료,《메이플스○리》책을 사고 거스름돈은 팁으로 주고 간 귀여운 초등학생 손님, 공장 쉬는 시간마다 UFO 이야기해 주셔서 쉬는 시간을 기대하게 만들어 준 알리나 씨.

또 저를 진심으로 걱정해 주셨던 교회 전도사님, 대학교 시험 기간에 수업 대신 잘 수 있게 해 준 스님, 일할 수 있게 하고 명상을 추천해 준 기숙사 사감님, 늘 진심으로 응원해 주시고 격려해 주신 대학교 교수님들, 복학생인 나와 함께 놀아준 후배들, 아픈 날 위해 죽을 만들어 준 나현이, 다양한 그림책 길을 열어 주신 힐스 선생님들, 나의 단점들을 장점이라고 말해 주신 권혁수 작가님, 함께 고민하고 응원해 준 소중한 힐스 동기와 선배님들, 작업실에서 일할 수 있게 해 주고 매번 맛있는 걸 사 주신 수영 사랑 오시영 작가님과 꼬리를 흔들며 반겨준 귀여운 멍멍이 하품이, 방황할 때 먼저 연락해 주시고 저를 응원해 주셨던 다정한 윤지회 작가님, 작업이 풀리지 않을 때 방법을 알려 주셨던 권정민 작가님, 멋진 작가님들과 함께할 수 있게 전시를 도와주신 기획자님과 학예사님, 전시에 찾아와 응원해 준 분들, 2013년에 대학원 강연에 구경 오라고 말씀해 주셨던 이수지 작가님, 저를 반겨 주시고 함께 작업하고 있는 바캉스 프로젝트 작가님들, 그림책 원고를 봐주시고 관심을 주신 출판사 편집자님들, 저를 (아마) 귀여워해 주시고 가상현실 게임 친구가 되어 준 조오 작가님, 트위치 친구가 되어 준 홍그림 작가님, 격려해 주시고 맛있는 오징어튀김 사 주신 멋진 우영 작가님, 새로운 것들과 새로운 언어들을 알려준 민경 작가님, 그림책 프로젝트를 제안해 주시고 응원해 주신 권윤덕 작가님, 함께 협력 그림책을 작업하며 배려해 주시고 격려해 주신 최경식, 홍지혜 작가님, 저를 초대해 주신 학교 선생님들과 교장 선생님, 사서님, 책방지기님, 응원해 주고 편지를 써준 귀여운 학생들, 늘 제 그림책이 재미있다고 말씀해 주시고 근처에 살 때 밥 먹으라며 출판사로 불러주신 김장성 선생님, 모두 진심으로 감사합니다.

그 외 일상 속에서 밝게 인사를 해 주시고 받아 주셔서 하루에 활력을 주신 분들, 그림책을 사랑하고 다른 분들에게도 그림책을 전해 주시는 분들, 다양한 이야기들이 있게 만들어 준 모든 작가님들 감사합니다. 길게 이야기 나누지 못하더라도 절 도와 주시고, 반겨 주시고 응원해 주신 모든 분께 감사합니다. 제 책을 읽어 주고 구입해 주신 분들, 제가 인지하지 못하고 지나친 마케터님과 홍보 담당자님 그리고 그 외 많은 분들께도 감사합니다.

마지막으로 시험 기간에도 밤을 따러 가자고 하고 늘

걱정 말라 말해 주고 응원해 주시는 엄마, 친구가 되어 주고 그림을 시작할 수 있게 도와준 아빠, 늘 가족들을 즐겁고 행복하게 만들고 응원해 주시는 새아버지, 우여곡절이 많았지만 나를 따라 공장에 가서 같이 일하고 시력 수술비를 대신 내준 친오빠, 그리고 내 가족과 같은 은새.

어려움이 많았지만 각자 버텨 준 것만으로 큰 힘이 되었습니다. 너무 많아 한 분 한 분 자세히 적지 못하고 갑작스럽게 느껴질 것 같아 적지 못한 분들도 있습니다.

표현은 서툴지만 늘 기억하고 감사함을 느끼며 살고 있습니다. 저를 발견하고 바라봐 준 모든 분께 감사합니다.

나는 나에게 잊히는 것이 싫어서 일기를 썼다

오소리 글

1판 1쇄 펴낸날 2023년 10월 30일
펴낸이 이충호 | **펴낸곳** 길벗어린이㈜ | **브랜드** 아름드리미디어
등록번호 제10-1227호 | **등록일자** 1995년 11월 6일
주소 04000 서울시 마포구 월드컵북로 45 에스디타워비엔씨 2F
대표전화 02-6353-3700 | **팩스** 02-6353-3702 | **홈페이지** www.gilbutkid.co.kr
편집 송지현 임하나 황설경 박소현 김지원 | **디자인** 김연수 송윤정
마케팅 호종민 신윤아 이가윤 전예은 최윤경 강경선
경영지원본부 이현성 김혜윤
ISBN 978-89-5582-728-6 03810

ⓒ 오소리, 2023

아름드리미디어는 길벗어린이㈜의 청소년·성인 단행본 브랜드입니다.